成不了大人物的我們，決定成為簡單的人

這輩子不做自己不想做的事。
這不是任性，也不是逃避，而是每一天都在學習，
如何用少少的錢，活出豐足的人生。

何俺 なにおれ
游韻馨 譯

31歳、夫婦2人、月13万円で、
自分らしく暮らす。

目次 Contents

前言 「簡單生活」是最強的人生技能……007

序章 因為這樣，我邁向簡單的人生……015

第1章

一點錢就能生活，並且活出自我

我的生活費變化趨勢……030

錢愈用愈苦……038

人為何對金錢感到不安？……042

精算出最低的生活成本……049
與其在意賺多少錢，不如了解只要多少錢就能生活……054
想要的東西盡可能自己動手做……060
現代環境最適合自己動手做……066
加上必需品有八十分就好……072
建立自信的心理機制……076

第2章

磨練生活自給技能，人生更豐足

夫妻兩人如何靠每月十三萬日圓過生活？……082
「簡單」與「簡陋」的差異……091
不喜歡的衣服全部重新買過……096

讓自己適應愛用的物品……101
加一點好東西增添飲食風味……107
在日常生活創造非日常體驗……113
對於失去感到喜樂……118
夫妻倆的自我投資術……124
發明遊戲的創意發想法……130
自己製造，自己修理……136
不要以瞬間最大風速思考奢侈這件事……141
平凡小事也要慶祝……146
親手做禮物……151
真正需要的東西究竟是什麼？……155

第3章

辭掉不想做的工作，讓生活更快樂

對於不想做的工作要設下辭職期限……160
「做自己喜歡的事維持生活」的詛咒……167
比靠副業賺錢更重要的事……174
從副業找到「工作意義」的方法……181
努力成為理想的自己……188
賺來的錢能維持基本生活就好……194
可是，賺很多錢也沒關係……199
自然而然找到擅長的事……203
不要為了賺錢出賣靈魂……209
忍不住羨慕別人時，你可以這麼做……213

第4章

儲蓄讓你成為理想的自己

話說回來，錢究竟是什麼？……220
為什麼存錢能讓生活更充裕？……224
先節約，再做副業……228
建立儲蓄計畫時要考量未來希望的生活方式……232
將存下來的錢帶進墳墓裡……239
夫妻一起存錢的唯一方法……243
穩健的資產運用戰略因應通膨危機……248
讓通膨的影響力降到最低……253
只要幾年就能改變人生……259
結語　無需成為大人物也能過得幸福……267

前言
「簡單生活」是最強的人生技能

我們可能是遭到詛咒了吧？

「賺不到平均年收就無法維持正常生活。」
「大家都在職場上忍耐，努力掙錢。」
「不花錢人生不就白活了。」

只要點開社群網站的應用程式，往往會看到這樣的意見。

儘管內心深處無法百分百認同，但我不會為了否定而否定，這是我的人生觀。我認為大多數人都有這樣的想法。

話說回來，生存之道沒有絕對正確的答案。這世上有一百個人就有一百種幸福，就有一百種生存之道。

即使如此，我們還是會受到父母手足的常識干擾，有時則是被同事朋友、或是社群網站上不知名網友的常識影響，讓我們否定自己真正想選擇的生存之道。

這樣的情形不是詛咒，什麼才是詛咒呢？

我在二十七歲的時候，獲得了一個可以認真思考這件事的機會。

說到這裡，先容我介紹一下自己。各位好，我叫何俺。這名字很奇怪吧？我從二〇一八年經營個人部落格「きっと何者にもなれない俺たち」（中譯：成不了大人物的我們）。觀察敏銳的讀者可能發現到了，何俺就是來自於「きっと『何』者にもなれない『俺』たち」的簡稱。

當初我還是個上班族，在社會上打滾，覺得十分痛苦，卻又無能為力。即使如此，我還是想改變自己是個無名小卒的現況，於是成立了個人部落格。

感謝網友支持，我的部落格累計頁面瀏覽次數超過八百萬，Twitter（現名X）、Instagram、YouTube等社群平臺的追蹤數也超過十二萬人（截至二〇二二年九月）。不僅如此，我還出了書，這樣的成績連我都驚訝不已！

讀到這裡，各位可能會覺得我是個成功人士，以為我賺了很多錢，過著奢華的生活。

不瞞各位，我的生活一年比一年更加簡約樸素。

我今年三十一歲。我在三十歲前結婚，和妻子兩人租屋居住。如今我和妻子兩人每個月的生活費只有十三萬日圓[1]（編按：約為兩萬七千三百元）。平均下來，我們一個人的生活費只有六．五萬日圓。為了降低生活費，我特地跳槽到另一家公司，那家公司會幫外派到陌生城市的員工支付租屋津貼，扣除稅金之後，我就靠津貼過活。

我剛出社會兩到三年那段期間，每個月的生活費超過二十萬日圓。

簡單來說，過去我曾一個月花二十萬在生活家用上，現在每個月的生活費只有六．五萬。若問我哪一種生活比較幸福，我立刻就能回答你：「現在每個月生活費只有六．五萬的簡單人生比

1 成書此時，一日圓＝〇．二一二元新台幣。

較幸福。」

過去我受到了詛咒。

要賺很多錢，讓父母手足、朋友、同事感到驕傲，每年還要出門旅行，活在奢華生活才是幸福人生的詛咒之下。

幸好我已經擺脫詛咒，活出了自己的人生。這一路走來的經驗，我全寫在這本書裡。

這本書裡，全是成不了大人物的我，向各位分享「不成為大人物有多好」的真心話。

遺憾的是，它並不是一本魔法書，不可能今天讀了，明天人生立刻發生改變。另一方面，我也很清楚勸別人「想開一點」是沒用的，不可能光靠改變想法拯救自己。

過去，我在痛苦的人生中掙扎時累積了許多靈感，也做出各種嘗試。我從自身的經驗中選出更容易實踐的生存之道，彙整在這本書裡，希望幫助各位找到人生的一絲曙光。

當然，人生沒有絕對正確的答案。

正因如此，就算各位直接仿效我的生存之道，也不會是你的正確解答。

但無論如何，本書還是能發揮「指南針」的作用。如果你覺得在社會上生存很痛苦，衷心希望你能從這本書中找到活出自我

的方向。

只要前進的方向正確，即使每個人的使用方法和所需時間不同，持續走一定會到達目的地。

至於早已朝個人目標邁進的讀者，不妨透過這本書確認自己的方向是否正確；打算思考未來人生方向的讀者，也能從本書了解該朝哪個方向前進。

此外，倘若你並不覺得現在的人生很辛苦，讀完書後還是可以有新的發現，明白自己的生存之道還有哪些選項。相信你的人生一定能更加豐富充實。

何俺

序章

因為這樣，我邁向簡單的人生

我發現了「自己真正想要的東西」

一開始容我先敘述一下我的過去，這也是為了向各位說明本書想闡述的重點。

我念的是鄉下的三流私立大學，期間還曾休學一年。畢業後我在當地製造商任職，負責海外業務。雖說是當地製造商，但公司規模很大，以大企業來形容一點也不為過。以現在流行的說法，就是待遇高、福利好的白色企業[2]。

應屆畢業生一進公司就能領平均年收與紅利，雖然要加班，但公司一定會付加班費。儘管我與有些同事相處不來，但他們都不是有壞心眼的人。

如今回想起來，我當時的工作環境非常好。

即使如此，我還是在出社會的第四年決定轉職，從事薪水較

2 在日本職場有「白色企業」和「黑色企業」的說法，白色企業通常加班少、福利待遇好、職場氣氛和睦；黑色企業則相反，加班多、拖欠工資或加班費、職場霸凌橫行。

低的工作。

我在大學三年級的時候，拿著在餐廳打工存下的一百萬日圓，前往中南美洲流浪一年。當時為了實現這個夢想，我每天工作到半夜努力存錢，還努力學習外語。這個經驗讓我在面試時受到青睞，得以進入好公司。也基於這個緣故，起初我很開心自己可以負責海外業務。

然而，我在欺騙自己的心。我假裝沒看見自己真正的心情，執著於世俗的眼光和過去經驗。

打從以前，我就非常在意別人的一舉一動，容易鑽牛角尖。

我內心深處希望過著盡可能減少與別人頻繁接觸的生活，卻選擇了與外國人密切往來的職業。去國外旅行，跟與外國人共事是兩回事。我明明連用母語溝通談判都不擅長了，卻得靠著即使努力學習也算不上流利的外語，與外國人做生意。這件事真的讓我痛苦萬分。

此外，業務部的工作氣氛也與我的個性牴觸，完全沒有磨合的可能。

儘管如此，我還是拚命過五關斬六將，在面試中脫穎而出，進入優質的白色大企業。好不容易得以在體恤員工的職場環境上班，即使察覺到自己痛苦不堪，也不敢輕易離職。而且我上大學時，借了兩百五十萬日圓的學貸，為了清償這筆債務，我幾乎動彈不得。不瞞各位，那時候我差點就要崩潰了。

當時我透過買衣服來宣洩壓力，常常和朋友聚會喝酒，才能逼自己每天出門上班。遺憾的是，再怎麼飲酒作樂都無法讓我真正放鬆下來，我甚至連深呼吸都做不到。

「我不可能一輩子做現在的工作，可是我又沒有勇氣辭職……」這樣的煩惱在我內心糾葛了好幾年。我逐漸察覺自己快要到達極限，終於下定決心尋找其他工作，就算薪水較低也沒關係。

話說回來，當時我根本沒有多餘的心力面試好幾家公司。但很幸運地，我只面試一家公司就錄取，於是我立刻逃離現況，轉換跑道。

那一年我二十七歲，正值我出社會的第四年。

人生很可能因為一次機運而改變。我離開第一家公司時剛好有一個月的特休假，這一個月的假期完全改變了我的人生。

我一直以為要到退休才能享受一個月的長假，好不容易可以享受假期，剛開始打算出國旅行，但一想到一個月後就要進入新公司，根本無法拋下一切盡情享樂。

最後我決定「既然如此，乾脆什麼也不做，悠閒過日子好了」。

睡前不設鬧鐘，早上睡到自然醒。
悠閒準備早餐，
吃完早餐後讀書，
讀膩了就去散步，
順便到超市買食材。
中午只做自己想吃的料理，
吃完午餐後睡個午覺。
傍晚在家附近散步，
或在家裡做些簡單的重訓。
傍晚六點前吃晚餐，

繼續讀書讀到瞌睡蟲上身，

晚上九點夢周公。

看在旁人眼裡，這樣的日子簡單又無聊，但我真的過得很開心，真的。這是我出社會之後，第一次覺得自己能夠好好呼吸。

我突然警覺到：「不對！過去的我到底在追求什麼？」

像是被雷打到一樣瞬間清醒。

我真心想追求的並不是賺很多錢，也不是在大企業上班，更不是讓周遭的人稱讚羨慕。當然，我也不想過奢華的生活。

我想要的只是「**這輩子不做自己不想做的事**」。

如此而已。

活出自我的三大要素

現在的我早已辭去讓我痛苦不堪的上班族工作，低調地經營自己的事業。

我的生活並不富裕，賺的錢也不多。儘管如此，我每天都很快樂。我的妻子天天陪伴著我，我們總是因為小事感到開心，一起歡笑。

我在二十七歲時察覺到自己由衷想要的生存方式，直到三十歲才真正活出自己的人生。

這三年來我只做一件事。

那就是「**以一點錢努力過得開心**」。

這也是本書的主題。

花錢可以讓人生變得更豐富。這個世界上有許多美好體驗只能用錢買到，這一點並沒有錯。

另一方面，想要維持揮金如土的生活，就必須賺更多錢才行，這一點真的很痛苦。不僅如此，這也形成了一道「看不見的枷鎖」，將人困在不想做的工作中。

「只能緊緊抓住不想做的事，沒有其他選項的狀態」，正是人活得痛苦不堪的真正原因。

簡單來說，擺脫痛苦生活的關鍵字是「選項」。

生活費愈少，生活過得愈簡單，你可以選擇的工作與工作型態就會變多。

這才是讓你活出自我的基礎。

正因如此，我努力學習如何以最少的錢活得「開心自在」。

只不過，不花錢的生活也有極限。

唯有努力學習開心生活，才能破除世俗和自己內心的常識詛咒，思考最適合自己的生活型態。

以下三大要素是達成這一點的重要關鍵：

❶磨練生活自給的技能

❷不靠自己不喜歡的工作賺錢

❸存錢

這三大要素真的很重要。

讓生活更豐富的必要物品全部自己做，並在工作中找到滿足感。只要做到這兩點，就能靠比想像中還少的錢活得快樂自在。不僅如此，生活不花錢自然能存錢，實現自己的理想生活。

我就是靠著這三大要素才能擴展人生選項，最後選擇了自己真心想要的生活方式。本書是我從個人經驗中，選出各要素的重點分享給大家。

我們原本就該選擇自己希望的生活方式。

選擇富有自我風格的生活方式。

之所以做不到，是因為在生活上花了太多錢。

然而關鍵在於，你可以調降你的生活費，而且你實際上需要的花費比你想像的還要低。

你要做的只有一件事：

努力以最少的錢過得開心自在。

第1章

只要一點錢就能生活，並且活出自我

“我的生活費變化趨勢

首先公開我過去五年的生活費。

我從五年前開始，想要逃離揮霍的生活與痛苦的工作；直到一年前，我已經學會讓自己只要花少少的錢就活得快樂自在。以下是這段期間的花費細目：

我在二〇一七年的生活費約為兩百四十萬日圓，每月花費二十萬日圓左右。

這一年我與朋友租了一間透天厝，包括我在內，三名男子住在一起。跟朋友一起住並不是為了節省房租，而是想辦法讓日子過得更快樂。簡單來說，就是擠出更多錢來花。

當時我已經很清楚海外業務的工作並不適合我，卻沒有勇氣辭職。為了宣洩內心苦悶，只好大肆揮霍。

這段期間的我彷彿分裂成兩個人：「別人眼中的我」與「自己才知道的真實自我」，而且兩者差距非常大。

和朋友一起住的時候，可說是我人生中過得最燦爛的時光。

可是，無論我私底下過得多開心，還是擺脫不了工作的苦悶。

我在二〇一八年的生活費約為一百八十萬日圓，每月花費十五萬日圓左右。

那一年我再也無法承受工作壓力，決定轉職，並且搬到離親友很遠的陌生城鎮。

不僅如此，我向前東家辭職時，還得到了一個月的特休假。我趁著這段長假認真思考自己的人生，釐清「我到底想過什麼樣的日子」。

從結果來看，自從我放棄現有的一切，整頓自己的人際關

係，開始寫部落格當成副業發展之後，不只工作與生活模式完全改變，生活費也大幅下降。

我在二〇一九年的生活費約為一百四十萬日圓。

我持續經營副業，撰寫部落格，並且決定分享與金錢有關的內容。為了寫部落格，我努力研讀理財書，將學到的知識運用在生活中。從早上睜開眼到晚上上床睡覺，我都在思考金錢與生活的事。

就這樣日復一日，我慢慢累積知識與訣竅，學習如何用少少的錢快樂生活。

回過神來才發現，我每個月只要十一萬日圓就能生活。

接著是二〇二〇年，這一年的生活費大約是一百萬日圓。之前我花了兩年的時間調整自己的生活，如今只要八萬日圓就能過得豐富充實。

每天通勤上班領固定薪水，也能每個月只花八萬生活；基於這一點，我更加確信「辭去工作後，每個月花五萬就能活得很充裕」。

我懷著十足的把握，在這一年辭去了工作，專心生活。

人算不如天算，我在二〇二一年結婚了。

我原本的計畫是拋下所有的虛榮心和面子，搬到房租低廉的房子住，一個人低調過生活。

沒想到我在第二家公司遇到了現在的妻子。

過去我始終被自己不想做的事情束縛，十分痛苦；但妻子和我截然不同，她每天都隨心所欲地過日子。我們聊了許多，我深刻體會到「如果能和她一起生活，絕對會比我獨自過活更有趣」。於是我們決定結婚。

儘管結婚有些必要支出，但我們兩人一整年下來只花了兩百萬日圓。

簡單來說，我們每個人只花一百萬日圓（每月八．三萬日圓）。

最後，我也想分享二〇二二年的生活費用。二〇二二年上半年（一至六月），我們花了約八十萬日圓，若是乘以二，一整年的花費約為一百六十萬日圓。

換句話說，我們每人一年只花八十萬日圓（每月約六．五萬日圓）。

綜合過去五年，每年每人生活費的變化趨勢，結果如下：

二〇一七年：兩百四十萬日圓

二〇一八年：一百八十萬日圓（轉職）

二〇一九年：一百四十萬日圓

二〇二〇年：一百萬日圓

二〇二一年：一百萬日圓（結婚）

二〇二二年推估：八十萬日圓

由此可以看出，每年的生活費逐漸減少。

正因為我盡可能減少花費，也努力做到這一點，才能活出真正的自我。

“錢愈用愈苦

錢很重要，錢能讓人生變得更豐富。我並非心智強大的聖人，可以耍帥地說：「沒有錢也很幸福。」

雖說是「錢」，「有錢」和「花錢」是完全不同的事。

過去，我往往會將這兩件事混為一談，直到我真正做到用很少的錢過生活，才體會到這一點。

並非有錢就會奢侈度日，也並非有錢就得花錢不可。

事實上，奢侈度日會付出代價。

代價就是你必須賣力工作，賺到供奢侈花用的錢。也就是「為生活而工作」。

剛開始，你可能只是想稍微犒賞一下自己；但久了之後便覺得花錢大方一點也無妨。於是接下來，你必須賺更多錢才能維持奢華的生活。

花錢的初衷應該是讓生活變得更豐富。

無論是購買時尚的家具，去人氣餐廳吃美食，或是偶爾出門旅行，這些應該只是點綴生活的小花絮。

沒想到小花絮卻在不知不覺間讓人生變調。為了維持這樣的生活，即使在職場遇到惱人的遭遇也只能隱忍下來，不敢辭職。

說得明白一點，我們花錢的目的是要讓生活增添色彩，回過神來才發現反倒成為自己痛苦的根源。

我會有如此深刻的體會，是因為我的生活費一年比一年低。

先前負責海外業務時，我為了逃避工作上的痛苦而花錢玩樂。然而，揮霍再多錢，我依舊被囚禁在令自己痛苦不堪的職場。

當時我心想：「每個月至少要賺二十萬日圓才能維持目前的

生活。一想到以後也要這樣過，絕對不能做收入更低的工作。」

簡單來說，我是作繭自縛。

「為了生活，只能繼續做不想做的工作。」——自陷於「沒有選項」的狀態。這正是讓人生痛苦不堪的幕後推手，也是讓人無法活出自我的根本原因。

“人為何對金錢感到不安？

即使察覺目前的工作不適合自己，或根本是自己不想做的事，許多人還是不敢辭職。

「對金錢感到不安」，是不敢辭職的原因之一。

正因為對金錢感到不安，才無法辭去不想做的高收入工作；儘管覺得痛苦，還是勉強自己出門上班。過去我也是這樣。

不瞞各位，我現在依然沒有完全克服對於金錢的不安全感。應該說，我每天還是會擔心錢不夠用。

話雖如此，我會在心中消化「對金錢的不安全感」，並且告訴自己「事情總會解決的」。接下來，我整理了過去的想法與行動，依時間序與大家分享。

想消除對金錢的不安全感，第一步一定要從釐清自己「對哪方面的金錢感到不安」做起。

面對看不見的敵人，無論出再多拳奮戰，也絕對打不中對方。而且胡亂出拳，只會消耗自身能量。

就我所知，許多人都容易陷入這樣的狀態。

話先說回來，到底什麼是對金錢的不安全感？

我的結論是：「**隱隱覺得自己連正常生活都難以維持下去的恐懼感**。」

各位不妨想像以下的場景：

假設你每個月花二十萬日圓生活，雖然稱不上富裕，但至少想要什麼還買得起，想去的地方也都能去。而有一天，政府宣布：「從本月起，政府每個月將支付十萬日圓津貼給全體國民。」

你會怎麼做？雖然沒辦法拿這筆錢揮霍度日，但不用工作就有足以維持最基本生活條件的金錢入帳。有了這筆津貼，應該多少能消除對於金錢的不安全感。

當然，我們還是會擔心這筆津貼能發多久，也會擔心一旦生重病或受傷時該怎麼辦。

不過，至少可暫時擺脫眼前對於金錢的不安全感，更單純地選擇自己想要的工作模式。過去因為收入低、不穩定而放棄的「夢想工作」，如今終於能鼓起勇氣去嘗試。

正因如此，我才會說對金錢的不安全感，其實來自於隱隱覺得自己連正常生活都難以維持下去的恐懼感——擔心無法住在一般的房子裡，甚至餵不飽自己。

關鍵就在於「隱隱覺得」這種內心沒來由的焦慮。

說到底，不安全感的最大癥結點就是人們內心會「一直浮現這種感覺」。

「這樣不好吧……辭去目前的工作還是不妥……」，這股沒來由的恐懼只會加深內心的不安全感。

假設下個月失業，即便我們無法具體想像會面臨到哪些狀況，但肯定會不由自主擔心自己無法維持正常生活。這就是對於金錢的不安全感。

正因如此，想要消除對金錢的不安，就必須經歷絕對的真實生活。

倘若沒來由的恐懼是不安全感的來源，我們必須讓沒來由的恐懼具象化，澈底浮現出來。

光靠改變想法無法消除對金錢的不安全感，應該說，這一招對我沒用。

我前後閱讀了幾十本與人生哲學、心理學有關的書籍。雖然閱讀這些書籍能讓我的心情暫時平靜下來，但隔天起床後，我又感到不安。

我每天都過著同樣的日子。

為了擺脫對於金錢的不安全感，辭去我不想做的工作，我一定要親身經歷絕對的真實生活。總而言之，我必須擁有能讓我安心的具體事證。

所謂讓我安心的具體事證，就是「以最少的錢過著快樂的生活」。

“精算出最低的生活成本

想克服「隱隱覺得自己連正常生活都難以維持的恐懼感」，就要知道維持最基本生活需要多少錢。這是最重要的關鍵。

我所謂「最基本」，是真的最低限度。

排除生活中的一切娛樂，不要把「沒有娛樂的生活很無聊」、「我想在超商吃冰淇淋」搬出來當藉口，專注於最低限度的花費是否可以維持文明生活。

更具體來說，文明生活是：

- 住在基本整潔的家裡
- 至少有自來水、電和瓦斯可用
- 擁有最基本的網路通訊設備
- 可維持最低限度的健康飲食
- 用得起可維持基本生活的日用品
- 繳得起必須繳交的稅金和社會保險費

總計上述的支出金額，就是維持最基本生活的必要成本。我將此成本稱為「維持生命成本」。

剛好因應維持生命成本的收入是最低限度的金錢需求，賺得到這筆錢就能過著「正常」生活。口袋裡有這筆錢，是擺脫金錢不安全感的一大步。

我相信能立刻說出這筆金額的人連百分之一都不到。

我們之所以賺到生活無虞的錢仍擔心錢不夠用，是因為我們不知道維持生命成本到底是多少。

換言之，我們就像站在懸崖邊，懸崖下一片漆黑。正因為看不見底，才會對於失足摔下可能遭受重傷更感到恐懼。

所以，我們會不斷覺得自己需要更多更多的錢。

在努力以少少的錢活得開心的日子中，我很自然地掌握了自己的維持生命成本。單身時每月五萬日圓，婚後，我和妻子兩人每個月的生活費為十萬日圓。簡單來說，每個月只要備妥這筆錢，雖然無法揮霍度日，但維持正常生活絕對沒問題。

親眼看到這個數字時，我感到無比安心。

原因很簡單，單身時我的想法是「只要每個月賺得到五萬日圓，我就能生活」。

以每個月賺五萬日圓為目標，即使獨立創業也不需要成為大企業家；若是接案維生的自由業，每個月只要幾個案件就能達標。

當然，從事低收入工作或光靠打工兼職維生，並不是理想的生活方式。

但是，你不必讓自己受苦，就可以更輕鬆地過日子。明白這個事實（真相）是最重要的事情。

“與其在意賺多少錢，不如了解只要多少錢就能生活

雖說掌握維持生命成本是消除金錢不安全感的一大步，但要各位立刻釐清實際數字相當困難。

原因在於我們很難想像最基本的生活是什麼模樣。

以我自身的狀況來說，我知道只要花兩萬日圓就能租到乾淨整潔的套房，而且還有廚房。按照我的經驗，只要房間符合本書接下來要說明的必要條件，即使租金低廉也能活得很開心。

遺憾的是，絕大多數人都沒有這些知識和經驗，因此只能以當下支付的房租為基準，思考自己最基本生活的樣貌。例如：「我目前的房租是八萬日圓，最便宜的差不多是四萬日圓吧？」

然而，就算是租金三萬或兩萬的房間，也能維持正常生活。說得極端一點，買間老房子自己修繕居住，也能降低花在房子上的成本。可惜一般人很難想到自己還有這些選項。

正因如此，我們需要在每天的生活中，逐漸降低「要花多少錢才能生活」的比較基準。這是每個人都要經歷的過程。

舉例來說，假設你目前的租金是八萬日圓，不妨搬到月租六萬日圓的房間；等你慢慢減少生活所需物品，隔年再搬到月租四萬的房間試試。

如此一來，你看事情的角度將變得截然不同。你會發現只要繼續待在現在的公司，就不可能降低房租，但若能轉換職場，一定可以降低居住成本。

此外，假設你每個月的伙食費為五萬日圓，不妨學習做菜，增加自己開伙的天數，嘗試將伙食費降至三萬日圓。或許不久後你會發現，只要提升自己的廚藝，就算再降低伙食費也不會影響生活滿意度。

嘗試各種方法，以釐清「需要多少錢過生活」為目標度日，你的生活花費就會逐漸下降。與此同時，也能充分掌握自己的維持生命成本，以及最低限度的生活費用。

賺錢是消除金錢不安全感的必要手段。

原因很簡單，無論維持生命成本降到多低，都不可能是零。即使不需要鉅額的金融資產，也要賺一些錢。

但賺錢之下隱藏著一道莫大的陷阱。

要是你沒察覺陷阱的存在，賺再多錢也無法安心。

這個陷阱就是「做自己不想做的工作賺錢」。

起初因為對金錢感到不安而努力賺錢，卻做了自己不想做的工作，反倒引起反效果。

當你花愈多時間在自己不想做的工作上時，只會浪費掉更多錢。

將時間花在自己不想做的事情上，會感到很痛苦，而為了紓解痛苦，必須花錢購買可以輕易得到的快樂，這就是浪費。如此一來，維持生命成本隨之變高，對金錢的不安全感則如影隨形地跟著你。

從另一個角度來看，辭去自己不想做的工作，其實就能大幅降低生活費。每天喝酒、買衣服，這些都不是自己真正想要的，而是為了紓解苦悶的工作所帶來的痛苦。遺憾的是，只要持續從事自己不想做的工作，就無法察覺這一點。

有鑑於此，如果你正在從事你不想做的工作，就該盡力減少正職工作的時間，同時努力開拓其他的工作機會，靠其他工作賺錢。這是打造快樂簡單生活的一大關鍵。

我會在第三章詳細說明達成此目標的思考方式與實際做法。

“想要的東西盡可能自己動手做

如果不花錢的生活反而成了必須忍耐的壓力，我不會寫這本書。而且，我也不會在網路上持續與各位分享不花錢生活的心得長達四年以上。

正因為我已經能夠用少少的金錢開心過生活，才能擺脫對於金錢的不安全感，可選擇的工作型態也變多了。這是活出自我的

基礎。

話說回來，如果活出自我的代價是完全不能買自己想要的東西，不禁令人懷疑這樣真的算是快樂豐足的生活方式嗎？

各位別擔心，我很清楚不花錢的生活並非完全放棄自己想要的東西。這絕對不是只能辛苦忍耐的日子。

我的做法很簡單。

「**想要的東西盡可能自己動手做**。」

如此而已。

自己做生活必需品，想要的東西也盡可能自己做，或發揮巧思尋找替代品。我將這樣的行為稱為「磨練生活自給技能」。

許多人在省錢時，可以接受降低自己的生活滿意度。但這個想法很奇怪。

照理說，人們應該選擇的是「以更少的錢，努力提升生活滿意度」。

假設自己是一名餐廳老闆，賣什麼料理都可以，那就以拉麵店老闆為例吧！

如果我是拉麵店老闆，我一定會想盡辦法做出成本最低、味道最好吃的拉麵。我所做的努力，都是為了達成這個目標。簡單來說，我想要實現「以更低成本做出更好餐點」的目標。儘管這兩大要素互相矛盾，我還是會盡力做到。

不知為何一般人想「省錢」的時候，往往不會想到用更少的錢，來享受更好的人生。他們的腦海裡似乎只有「不花錢的人生很無趣」這種想法。

世界上存在「事實」與「解讀」兩種面向。

省錢必須忍耐許多事，當然，也不能買某些東西。這是無法改變的事實。

另一方面，即使不花錢，也能發揮智慧、用盡巧思提升生活滿意度。這是我的解讀。

若將「有些東西不能買的人生很無趣」的解讀，套用在「不花錢就不能買東西」的事實上，就會成為你面對的現實人生。

總而言之，事實雖然不可動搖，解讀卻可以透過個人行動而改變。

只要從想要的東西自己做的角度解讀即可。

像這樣持續磨練生活自給技能，生活花費便愈來愈低。一段時間之後，自然就能降低維持生命成本，擺脫對於金錢的不安全感。到最後你可以選擇其他工作，實現自己的理想人生。

重點在於，不需要為了簡單生活而降低自己的生活滿意度。

你只是不花錢而已，想要的東西還是可以自己動手做。

首先，請各位務必了解世界上存在著事實和解讀。接著，請將注意力放在基於自身行動就能改變的「解讀」上。

如此一來，以一點錢生活絕非不幸的生活方式。

我會在第二章從我們夫妻的實際生活出發，為各位具體介紹「磨練生活自給技能」究竟是怎麼一回事。

“現代環境最適合自己動手做

「學會做自己想要的東西」、「想辦法靠其他工作賺錢」——對於這兩個建議，有人可能會覺得門檻很高。

我要告訴各位，其實很簡單。

各位的雙手比自己想像的還要靈巧，會覺得門檻很高，是因為各位太習慣花錢滿足欲望。

現代社會充滿各種商品和服務，是人人口中的富裕社會。

但我不這麼認為。

現代社會資源豐富，而其中對我們最有利的地方在於，可用便宜價格購入自己動手做的零件與工具，享受在對於自造者相當友善的環境中。

我們可以在亞馬遜（Amazon）網站便宜購入優質商品，再上YouTube搜尋該領域專家上傳的免費教學影片。每個月只需幾千日圓的網路費，就能上網無限觀看YouTube影片。

有鑑於此，只要有心做，想要的東西有一大半都能自己做。

不只是電子儀器、遊戲、衣服、飾品、點心和音樂等各種事物可以自給自足，連房子也能自己蓋。

如今這個時代，創作自己喜歡的物品已是一份正當工作。不像過去沒有網路，即使自己做了商品，販售通路也很有限。

這才是現代人口中的富裕社會。

以我個人來說，我努力學習做菜，讓自己天天都能吃到美味料理，降低伙食費。

雖說是努力學習做菜，其實我只買了一個平底鍋、一個單柄湯鍋和幾項調理用具，花的錢很少；剩下的就是購買日常食材與調味料而已。

購買最低限度的必需品，然後利用免費的資訊學習。想了解如何延長食材的保存期限或營養知識？可以去圖書館借書研讀。想要烹煮沒做過的料理？上YouTube就能找到無數烹飪影片。想提升擺盤技巧？點開Instagram就能比較各式各樣的擺盤照。

我就是這樣學了兩年料理，成功打造出不需要外食的自炊生活。現在的我，就看今天想吃什麼，即可烹煮出色香味俱全的美味料理。

我目前的工作是一步一步摸索出只花一點錢也能快樂生活的方法，並且以淺顯易懂的方式與大眾分享擺脫痛苦人生的祕訣。有時候很辛苦，但這絕對不是我不想做的工作。

自己動手做真的很快樂，這是我最大的收穫。

從錢包裡拿出一張一千日圓的鈔票，放入自動販賣機的紙鈔投入口，接著按下按鈕就能喝到果汁。簡單方便的生活是現代富裕社會的一種體現。

另一方面，凡事都能輕鬆解決，也讓我們少了親身感受投注心力的樂趣。自從我努力自給自足之後，才深刻體會到這一點。

吃飯也是。只要走進餐廳，花錢就能輕鬆吃到美味料理。這也是富裕社會的象徵。

儘管如此，各位依然可以試著翻閱食譜，找出自己想做的菜。從冰箱尋找替代食材，降低開伙成本。嘗試各種擺盤方式，讓料理「一看就好吃」。有人會說，比起去餐廳吃飯，在家裡煮不僅費時費工，有時成品還不如預期。

可是，為了做出美味料理而學習相關知識，然後從知識磨練智慧，動手嘗試錯誤，再從錯誤中學習，這都將賦予你更豐富的人生。

從不會到會的成就感，以及你所投入的大量時間，將換得你內心的豐足從容。

不花錢買自己想要的東西，而是努力學習動手自己做，這樣的生活更多采多姿，樂趣無窮。

“加上必需品有八十分就好

每個人都想活得幸福。

但想要幸福的想法過於強烈，反而會使幸福遠離你。我經歷過那樣的處境。

這個世界上有些事實不會改變。

那就是「沒有一百分的完美人生」。

若能早點察覺這個事實，或許我也能更早就遵從自己的心，過自己想要的生活。無論是工作能力強、深獲主管賞識的同事，成功創業的朋友，或是在社群上看起來幸福快樂的網友，沒有人認為自己的人生完美無缺。我猜想即使是年收入數億日圓的頂級職棒球星，也不會認為自己的人生毫無缺憾。

就算找遍世界上任何一個角落，也找不到一百分的人生。因為這樣的人生根本不存在。

只要充分運用想像力，就能明白這一點。

以職業棒球選手為例，在世人的眼裡他們是人生勝利組，但成功的背後都有一番努力的過程。付出的努力絕對不會讓人愉快，反而全是痛苦。不僅如此，一旦陷入低潮，便急著想要重新振作。即使當下表現出色，只要一天不引退，就會擔心自己無法長久維持在巔峰狀態。

換言之，再成功的人也不可能毫無苦悶、毫無不安。

當我明白這個道理，便放棄追尋一百分的幸福人生，轉而追求八十分的人生。

事實上，若能實現八十分的人生，就能活得幸福。

各位也不要因為不存在一百分的人生，就以九十分、九十五分為目標，依舊盡可能想接近完美。事實上，人生只要八十分就夠了。

八十分的人生究竟是什麼樣的人生？我認為是放棄花錢買快樂的人生。花錢買快樂的人生就占了二十分。

相反的，光是不做自己不想做的工作，人生就超過六十分了；接下來只要擁有最低限度的必需品，加起來就有八十分。

各位可能覺得平淡無趣，但這樣就夠了。

過去的我沒參透這一點，投入大量金錢想買到二十分的快樂。為了維持生活，主動提高工作門檻，錯失了不做自己討厭的工作就能擁有的六十分人生。

我的人生就是因為這樣才一直只有二十或三十分，才會活得那麼痛苦。

“建立自信的心理機制

我一直認為我的人生還算幸運。

儘管家裡並不富裕，但我有雙親，也有一起長大的手足，從小生活無虞。雖然背著兩百五十萬的學貸，我還是順利讀完大學，畢業後在公認的大企業上班。即使如此，我仍然對自己毫無信心。

過著幸福生活的人有一個共通點，那就是「對自己有信心」。

這與自信的品質無關，就算是毫無根據的自信也可以。

敢挺著胸膛承認自己是什麼樣的人最堅強，絕對不會動搖，總是笑容滿面，所以能過得幸福。

但我沒有自信。

直到我努力嘗試以少少的金錢過得快樂之後，才慢慢感受到自信。

我努力磨練生活自給技能，靠其他工作賺錢，最後發現只要有八萬日圓就能活得很快樂。而且不是一時的快樂，是足以維持好幾年的快樂。

有人可能會覺得，花少少的錢過生活並不值得炫耀。

遭到強烈的質疑或否定確實會讓我難過，但我不會因此否定自己。

自信不會溜走，不會在不經意間找到，也不是別人能給予的。

當你對自己有著堅定的期望，希望自己成為什麼樣的人，並且透過行動實現夢想，才會從內心湧現出自信。

過去將近三十年的人生，我始終沒有自信，這是因為我沒有想達成的夢想。因為我將世俗和他人的理想，當成自己的人生目標，覺得自己一定要成功，走別人眼中正確的路比較輕鬆。

這是相當嚴重的錯誤。

不做自己不想做的事，這是現在的我想實現的生存之道。為了達成夢想，我努力打造不花錢的生活。過程雖充滿痛苦，但我還是持續行動，勇往直前。

正因如此，就算看到有人嘲笑只花一點錢度日的生活方式，或當著我的面酸言酸語，我也不在意。

現在的我自信就是如此堅定。

第2章

磨練生活自給技能，人生更豐足

“夫妻兩人如何靠每月十三萬日圓過生活？

我花了三年，終於摸索出不花錢的快樂生活法則。

我認為這種方法非常適合那些正試圖擺脫不想做的事情的人們。

現在，我和妻子兩人每個月的生活費只花十三萬日圓。

首先，為各位介紹我們生活費的支出明細：

房租：32000圓

停車場費月租費：2900日圓

水電費：10000日圓

手機網路費：5000日圓

日用品費：4000日圓

伙食費：20000日圓

娛樂費：10000日圓

個人支出（夫）：5000日圓

個人支出（妻）：25000日圓

單筆支出：10000日圓

合計：123900日圓

每個月的花費差不多就是這個金額，不會大幅變動。說得精準一點，我每個月還要還學貸一萬五千日圓。其實，我的存款已經足以一次償還，只是仍選擇每月分期還款，因此不算在生活費裡。

接下來針對各項支出類別進一步說明。

首先是房租。我們住在郊區的出租公寓，室內格局除了一間臥室之外，還有客餐廳與廚房。

這麼完整的格局卻只用三萬兩千日圓就能租到，是因為妻子的公司有租屋津貼。

有些讀者可能會感到不滿，我們居然用租屋津貼來魚目混珠。事實上居住成本在生活費中占的比例很高，因此務必多方考量，納入各種選項。進入有租屋津貼的公司工作，也是選項之一。

我們選擇離開故鄉，住在陌生城市也是出於這個原因。基本上我們有兩個選擇，一個是住在熟悉的故鄉，居住成本較高；一個是落腳在陌生的城市，居住成本較低。我們認為後者可以過得較為寬裕。

不僅如此，未來我們也不打算花更多錢在租屋上，因此除非有搬家的必要，否則我們不會增加居住成本。況且，我們平時就經常討論「怎麼做才能降低居住費用，並且過得更舒適」。

此外，雖然我們家四周都是稻田，但徒步十五分鐘就能到車站，所以不需要開車。也就是說，我們不用花錢養車。

雖然我們沒有汽車，但有兩部腳踏車，停在車站前的停車場，月租費兩千九百日圓。這兩部腳踏車是我們在網路上以兩萬日圓購入的運動款小徑車，騎起來很輕鬆。

水電費受季節影響時高時低，但總金額都在一萬日圓上下。

若要節省水電瓦斯費，反而會累積心理壓力，加上效果不大，所以我們沒有在這一點特別下工夫。但我們減少了家電用品，燈具也改用LED燈泡。不需要花的錢，我們一毛也不會花。

至於手機網路費，我使用樂天Mobile的手機門號（月租費為三千四百日圓），妻子使用mineo（月租費為一千六百日圓）。

家用網路捨棄光纖或Wi-Fi，而是將樂天Mobile門號的網路當成行動基地臺，讓筆記型電腦連線上網。有時遇到網路太慢，連不上網的狀況，反而可以趁機遠離手機，算是意外的收穫。總之，我和妻子的手機網路費每月只花五千日圓。

日常伙食費的成本為兩萬日圓。

我們習慣週末一次買齊所有食材，接著我會先做好平日要吃的常備菜，總共五天份。我不只用這些常備菜做妻子上班時帶的便當，也拿來做每天晚餐的配菜。

各位可想而知，週一到週五我們都吃一樣的菜，但週末通常會做稍微豐盛一點的大餐慰勞自己。

換算下來，我們平日的伙食費五天份約四千日圓，假日的伙食費兩天份約一千日圓。

總計一週伙食費為五千日圓，一個月有四週，因此每個月為兩萬日圓。

接下來是娛樂費。我和妻子假日經常出門。郊區的休閒娛樂選項很少，我們通常會騎腳踏車，花三十分鐘到處漫遊，然後到咖啡館讀自己喜歡的書，或是閒話家常。我們也常在咖啡館裡打工。

順帶一提，我們將家裡打造得十分舒適，在家吃飯輕鬆自在，幾乎不需要外食。細節將在後面篇章與各位分享。總之，我們每個月的娛樂費就是在咖啡館消費約一萬日圓。

最後是個人支出。

我個人幾乎不花錢。平時會花的錢，就是每天去麥當勞工作時買的一百日圓咖啡，以及購書費用。

我的妻子還是上班族，有時會和同事聚餐，還要治裝，她的錢大多花在這上面。我們兩人合計約三萬日圓。

順帶一提，我們都沒有投保醫療險和壽險。

但銀行裡有一筆錢，用來支應受傷或生病等臨時支出。

日本有高額療養費制度，足以因應預期外的醫療支出。平時我和妻子很注重健康飲食，也經常活動身體。我們覺得這樣就夠了，無需過度準備。

此外，我們也沒有投保壽險。

我們兩人都有工作，彼此經濟獨立。即使失去對方，生活也不會無以為繼。此外，只要投保社會保險，就能享受遺屬年金的保障。我們目前沒有小孩，皆同意不需要投保壽險。

“「簡單」與「簡陋」的差異

我將這種花一點錢過生活的型態稱為「簡單生活」。翻閱字典，簡樸的意思是「簡約」、「質樸」，亦即不奢華、不奢侈。各位一聽到不奢侈的簡單日子，可能會聯想到簡陋的生活。

我要說的是，「簡單」與「簡陋」截然不同。

簡陋是隨便處置事物的意思。另一方面，簡單則是不奢侈且愛惜事物。扼要地說，兩者的意義完全相反。

舉個例子，簡陋的飲食是將烏龍麵煮好後從鍋子撈出來，隨意放在盤子上。

相反的，簡單的飲食則是將煮好的烏龍麵，仔細盛放在自己喜歡的器皿上，調整麵條方向，讓食物看起來更美味。接著將午餐墊平鋪在餐桌上，放上烏龍麵後，再擺上一杯熱茶和筷子，營造出儀式感。

同樣是一碗烏龍麵，但當事者是否愛惜食物，決定了飲食風格。兩者的差異就是「簡單」與「簡陋」的差別。

嚴格來說，我不曉得這樣解釋是否符合各位的見解。但至少我和妻子是如此區別「簡單」與「簡陋」。其實不用我多說，各位應該都會覺得簡單生活比簡陋生活更具質感。

讓平凡無奇的日常更有質感的最大祕訣，在於「是否愛惜自己想要珍視的事物」。就是這麼簡單。

我並不是認為所有事物都要小心對待、好好珍惜，恰恰相反。

並非任何事物都需要小心對待、好好珍惜。

只要珍惜自己想好好使用的物品即可。

細心對待自己不覺得重要的物品，無法滿足心靈需求。更糟糕的是，花費時間與心力維護對自己而言根本不重要的東西，是令人受苦的真正原因。換句話說，那樣只會帶來痛苦而已。所以我才說，只要珍惜自己想好好使用的物品即可。我們認為這個想法就是簡單生活的真諦。

若是覺得「小心使用」、「好好對待」很麻煩，代表這項物品對我們不重要。

凡是覺得不重要的東西就立刻放手，只留下想要每天使用的物品。這是我們每天在做的事。

有些相處起來不投緣的人，就與對方保持距離。遭遇困難時，只聯絡會幫助自己的人。

放棄讓自己感到痛苦的家事，只做自己感到愉快的家務。

這麼做一點也不奢華或光鮮亮麗。

但只珍惜自己想好好使用的重要物品，這樣的簡單生活才能

讓人生更豐足。

“不喜歡的衣服全部重新買過

不花錢的生活並非「只能滿足於現有物品」。

這是一般人想省錢時最常落入的陷阱。

如果你認為「光靠既有物品就能幸福度日」、「沒有錢也很幸福」，請務必檢視自己是否落入先入為主的刻板觀念。簡言之，其實你只是假裝自己沒有欲望而已。

重點不是屏除欲望，而是將錢花在對自己真正重要的事物上。

人都有欲望，世界上沒有缺乏欲望的人，我們也不可能澈底斷除欲望。

一個人會說「我沒有想要的東西，也沒有想做的事」，正是因為沒辦法得到自己想要的，便索性稱自己無欲則剛。但這只是推託之詞罷了。

話說回來，欲望有兩種，一種是自己真心想要的，一種是受到別人刺激想要的。

看電視節目、瀏覽社群網站、上街逛商店櫥窗都會刺激我們的欲望，但這些欲望會隨著時間消逝。這些是受到刺激而生的欲望，並非存在於自己內心的欲望。

相較之下，從內心湧現的欲望一直存在，不會消失。倘若無法充分滿足這些欲望，或是一味騙自己無欲則剛，只會讓大腦陷入痛苦，感嘆「自己無法得到真正重要的東西」。

這樣的情況下不僅無法活得豐足，更糟的是，反而會為了消弭內心的痛苦，造成更多不必要的浪費。

出於這個原因，我和妻子認為應該將錢花在真正重要的事物上，充分滿足自己的需求才是正確的決定。

以我為例，我認為「衣服」是很重要的事物之一。

穿上自己喜歡或舒服的衣服，那一刻心情真的很好。

反過來說，若是因為價格昂貴而勉強自己穿著，或是購買尺寸不合，儘管設計時尚卻不符人體工學的衣服，穿新衣這件事反倒會成為你的噩夢。

想讓自己感覺更舒服，請先丟掉所有自己不喜歡的衣服。接著嚴選真正喜歡的衣物，讓衣櫥裡煥然一新。

我目前的衣服全數加起來只有十三件，包括外出服和家居服。鞋子只有四雙，包括皮鞋在內。

雖然我的衣服和鞋子數量很少，但每一件都是我最喜歡的單品，搭配出來的也是我最愛的造型。因此，我完全不覺得自己在

壓抑「穿自己喜歡的衣服」的欲望。

此外，我添購的並不是一件好幾萬的衣服。只要不買明顯不合身的款式，即使汰換所有衣物，也不會嚴重影響家計。

當時重買所有衣服一次支付數萬日圓，算是一筆大支出，但現在我每年的治裝費只有一萬日圓。我買了幾件一千五百日圓的T恤，再加上一雙五千日圓的球鞋。重點是，這些全是我喜歡的商品。

總結來說，我每天都穿自己喜歡的衣服，卻幾乎不花錢治裝。

“讓自己適應愛用的物品

我和妻子婚後展開兩人生活時，幾乎沒有添購家具家電。由於兩人婚前都是獨居，單身時期使用的家具家電，等婚後住在一起也成了新家的一分子。

當時新買的家具家電只有一張椅子、瓦斯爐、廚房背板收納用具和不鏽鋼架。

此外，單身生活時用的一百三十公升雙門冰箱、五公斤容量洗衣機、只有加熱功能的十九公升微波爐以及三人份電鍋，結婚後我們繼續使用。

換句話說，幾乎全是來自單身生活、也就是從二十三歲起就用到現在的家具家電，已經用了八年。所有家電都沒有現今最流行的功能，居家用品和家具也充滿歲月痕跡。

然而，我們平時很愛惜這些用品，盡可能延長其使用壽命。同時勤於打掃清潔，避免形成頑固汙垢。

正因為我們小心愛護，對這些用品也產生了感情。

我們不是舊物愛好者，閃亮美觀的新品也很吸引人。

只不過我們更愛用品背後的歷史，那代表著我們「一路細心呵護的重要物品」。這樣的想法讓我們面對生活時感到更加豐足。

不可諱言，長年使用同一件物品，有時確實會感到一股窮酸味。但即使遇到能豐富自己生活的用品，我們也會拒絕誘惑。**我們認為，只要自己適應已經用習慣的東西就好。不是讓用品隨自己的人生變化，而是自己去配合用品。**

舉例來說，如果洗衣機容量較小，就少量洗滌，洗幾件曬幾件；如果冰箱容量不大，食材買回家後不要直接放冰箱，做成常備菜更容易保存；如果微波爐沒有烤箱功能，研究微波爐料理或微波爐甜點即可。

功能齊全的最新商品不一定能使生活變得更美好。

況且，廠商總是不斷推出功能更多元、造型更美觀的新商品，若為了追求便利或時尚感而不斷配合用品，只會陷入永無止盡的輪迴。當你一味追求新商品，生活規模愈來愈大。漸漸地，為了維持逐漸擴大的生活規模，你會開始感到捉襟見肘。

有鑑於此，就算它們變得不是那麼好用或已經有些陳舊，我和妻子仍會配合陪伴我們很久的愛用品。

使用舊物難免會使日常生活產生些許不便，但只要善用智慧、發揮巧思就能解決。而且，這樣的生活也讓我們有餘裕善用創意，增添日常生活的樂趣。

有時候我會看到「換算成時薪，備妥方便順手的用具比較合理」等意見。

但我認為這個想法正是導致我們痛苦的原因。

購買便利家電省下來的一小時，要花一小時工作才賺得回來。這就是換算時薪的概念。

若你將省下來的一小時都花在坐在沙發上看手機，代表你只是將錢花出去，並沒有回收。更糟的是，你還因此多花一小時滑手機，反而導致身心疲勞和焦慮。

為了避免淪為這種結果，我和妻子並不會只優先考慮合理性，而是寧願配合用習慣的舊物，享受在因生活中的不便而發揮巧思的過程。我們覺得這樣的生活才充實。

“加一點好東西增添飲食風味

基本上我和妻子不花錢買生活用具。說的更精準一點，我們寧可使用已經有的東西，而不花錢添購新品。

不過，我們會花錢購買讓日常飲食別具風味的用品，而且只買自己喜歡的。

舉例來說，我家的格局是一間臥室加上客餐廳與廚房。家裡放了一張大餐桌，盡可能讓用餐空間寬敞，享受用餐時光。順帶一提，這張餐桌是我親手做的。

我也會買餐具，雖然數量不多。碗盤類器皿一個約一千至兩千日圓；刀叉等餐具則是一眼就看上的德國製品，以一萬四千日圓買了兩套；玻璃杯會配合日式料理、西餐、日常使用等料理特色與氣氛情境，總共買了幾個單價兩千日圓的商品。

花錢購買為日常三餐增添趣味的餐具，或營造質感十足的用餐環境，既可讓日常生活變得多采多姿，在我和妻子眼中，也是相當值回票價的投資。

我們花了十萬日圓打造舒適自在的環境，並購齊所有用品。

這是一大筆短期支出，但多虧這筆支出，讓我們從此之後幾乎無需外食。

將親手做的料理盛入自己喜歡的器皿，擺上一見鍾情的刀叉，將冰水倒入適合用餐氣氛的玻璃杯。我和妻子坐在珍愛的椅子上，在我做的大餐桌前悠閒用餐。

正因如此，我們不用上餐廳也能充分享受美好的用餐時光。

若不願花錢打造在家用餐更加愉悅的環境，或是投資餐具，也許每個月得花上三萬日圓外食。如此一來，十萬日圓的先期投資只能在第四個月回本。

然而，第五個月之後，每個月還是要支出三萬日圓的半永久性餐費。

若將這筆錢投資在年利率五%的股票，而且持續投資三十年，就會達到將近兩千萬日圓。

換句話說，我和妻子現在三十一歲，花了十萬日圓增添日常用餐的樂趣。三十年後，也就是我們六十一歲的時候，手邊就有一千九百九十萬日圓（兩千萬日圓減去十萬日圓）。

最棒的是，這三十年我們無需忍耐，依舊過著理想生活。

身邊全是自己珍惜愛用的物品，就這樣享受了三十年豐足的飲食生活。

與其思考在退休之前賺到兩千萬日圓，不如打造享受家常料理的環境，努力憑自己的雙手做出美味料理，讓心靈變得更平和安穩。

現代社會十分先進，在百元商店和宜得利都買得到生活上一切需要的優質商品。

毫無疑問，既然買得到便宜又優質的商品，代表現代社會很富裕。

另一方面，在能用就好的想法之下，隱含著我們從生活中感受到的豐足。

然而，倘若日常生活的所有物品都要換成「好一點的東西」，將會沒完沒了。所以，與其花錢改善生活品質，我們寧願花在可增添飲食風味的用品上。

對我和妻子來說，一邊聊天一邊吃飯的用餐時光，是我們最想珍惜的日常生活，這也是讓我們的人生更加豐足的原因。

“在日常生活創造非日常體驗

讓生活多采多姿的要素之一是營造「非日常感」。

所謂的非日常感包括前往陌生的地方旅行，到高級餐廳用餐，或是在令人放鬆的空間享受按摩等等。

基本上，只要花錢就能享受非日常感。說的更精準一點，花錢才能買到的事物正是非日常的體現。

但我們幾乎不花錢營造非日常感。

當然，我們並非不做任何努力，而是利用巧思來享受非日常感。

舉例來說，我們從未去高級餐廳慶祝彼此的生日。

我們會在家製作豐盛料理。不過，只有豐盛料理仍顯不足，我們會關燈點蠟燭。妻子穿上洋裝，我穿上西裝外套，花心思打扮一起用餐。簡單來說，我們在家營造高級餐廳的氣氛。

我不確定各位聽到我們的做法時，會覺得「很有趣」還是「很寒酸」。

我要說的只是，「我們可以在平凡的日常中，親手創造非日常體驗」。

只有到觀光勝地旅行才是非日常體驗嗎？我們不這麼認為。

將手機放在家裡，漫無目的、憑直覺在家附近散步，就能發現許多明明近在身邊卻從未察覺的小小非日常體驗。

你會發現平時從未留意的美麗花草，走著走著也可能經過氣氛樸實的定食餐廳，於是決定走進去用餐。這些都是非日常體驗。

在外面走了一大圈覺得疲倦，回到家入浴時，不妨在浴室裡點起蠟燭或線香，悠閒地泡澡。這是日常中的非日常感受。

泡完澡後，坐在陽臺的露營椅上，吹著晚風小酌。這也是足以感受到微小幸福的非日常生活。

比起花錢買到的非日常體驗，日常生活中存在許許多多的非日常，都能讓我們體會到分外的充實感。

在日常生活中努力找出非日常的體驗，其實非常有趣。

我和妻子將這種體驗稱為「日常的追求」。

我認為花錢購買非日常體驗，只是朝決定好的目標筆直前進。眼前就一條道路，不可能迷路，只要付錢、接受就好，相當輕鬆。

由此，我們可以衍生出另一個角度：日常生活不是只有一條路可走。我們只是沒有察覺到，人往往在同一條路上徘徊，但其實還有無數條路可選擇。

總之，日常生活中存在許多供我們追求的餘裕，這很有趣。只要願意去尋找平時忽略的選項，就會有更多新發現。

日常中的非日常，並不是要你花錢買那種強烈又刺激的體驗；事實上，日常中的非日常擁有許多溫和豐盈的感受。正因為花錢買的體驗過於強烈刺激，才會讓純粹放鬆身心之旅變調。原本出門旅行是為了放鬆，沒想到返家後反而變得疲憊不堪。

追求溫和豐盈的日常生活看似單調，但我認為這才是豐足生活的本質。

“對於失去感到喜樂

「不小心把最喜歡的馬克杯摔破了！」遇到這種狀況，幾乎所有人都會感到悲傷，有時情緒還會變得焦躁低落。

但我和妻子在同樣的情境下，會出現完全相反的反應。應該說，我們會很開心。

各位別誤會，我們並非刻意逞強說好聽話。

最喜歡的馬克杯摔破了卻感到開心的原因，是因為我們早已決定平時不添購新品。

首先，做出這個決定的大前提，是我們已經擁有足以過文明生活的所有必備物品。這是不爭的事實。

- 足以遮風蔽雨的整潔住家
- 按下按鈕就能煮熱水
- 打開水龍頭就有乾淨的水喝
- 高速網路

・不花錢就能學習和享受娛樂的YouTube
・家務必備的洗衣機和微波爐

有這些夠了。若想追求更便利、更豐富的生活而購物，只是錦上添花而已，追求無止盡的欲望沒有任何意義。

為了避免這一點，我們絕不添購新用品。除非既有的物品壞掉或不堪使用，才會買新品汰換。

話說回來，我和妻子也是人，也有欲望。即使只靠既有物品過著快樂的日子，有時候還是會被新商品吸引。

遇到這種時候，只有原本的物品壞掉或遺失，我們才會購買

新品。這就是馬克杯雖然摔破，我們卻很開心的原因。

如果沒有事先設定「不添購新物品」的生活公約，當我們失去了珍貴的物品，只會感到悲傷。反過來說，不斷添購新商品的生活，則會讓我們忽略什麼才是最重要的。

因此，我們只擁有自己珍惜的物品，並且細心呵護、適應它。

即使失去了最珍貴的物品，也會再找到另一個我們想要好好愛惜的物品。這個過程真的很開心。

此外，我們也會購買已經知道不可能長久擁有的東西。

舉例來說，我們的房子裡沒有觀葉植物。但我們會騎腳踏車到車程三十分鐘遠的農業協同組合購買切枝，回來後插在玻璃瓶裝飾家裡。

切枝的壽命只有一週，無論多細心養護，一個月後都會枯萎。相較之下，觀葉植物的壽命可以長達好幾年。

到底哪一種比較好？答案見仁見智。我和妻子偏好壽命不長，很快就會枯萎的切枝。

在農業協同組合購買切枝，一枝只要兩百日圓，兩週替換一次，一個月只需支出五百日圓。不僅如此，農業協同組合會隨著季節變化推出不同切枝。在家裡擺放不同枝葉，便可瞬間轉換居家風格。

唯有一定會枯萎的切枝才能享受這種變化。

基於以上原因，我和妻子以正面態度看待失去這件事。不添購新品是我們能保持正面態度的原因。

“夫妻倆的自我投資術

不花多餘的錢，只靠必要物品的生活，還是會讓我們感到擔心。那就是「自我投資」。

進入主題之前，我必須先向各位解釋，我和妻子心中的「自我投資究竟是什麼」？

先說結論，事先計算投資報酬率是自我投資的最低門檻。

舉例來說，購買商業書籍、參加研討會、考證照等等，是一般認為值得花錢的自我投資。

不過，在我和妻子的認知中，這個觀念一半正確、一半錯誤。

假設購買商業書籍會直接影響工作成果，進而加薪，這就是自我投資。以具體數字舉例，購買兩千日圓的商業書籍，可以期待每個月一萬日圓的加薪報酬，就算是投資。

但是，這並不意味著毫無頭緒地購買一堆商業書籍就叫做自我投資。只要沒有具體可見的投資報酬率，就不能稱做投資。簡單來說，若事先得知投資兩千日圓無法獲得一萬日圓的報酬，相信沒有人會投資。

我和妻子在思考自我投資時，都是以「可以事先計算投資報酬率才是自我投資」為判斷標準。這是最大的前提。

請各位不要誤會，我的意思並非沒有目的的閱讀毫無意義。事實上，我認為無目的的行動往往會以意想不到的形式，讓人生變得更豐富。

正因如此，對於無法事先計算投資報酬率的事，我們會盡可能不花錢。

以我和妻子為例，我們會去圖書館借閱想看的書。去圖書館借書的投資金額為零，未來若有回報算我們幸運，若沒回報也沒損失。

此外，學習新事物或展開新事業時，我們也會先從部落格或YouTube等免費資源著手。投資金額同樣是零，半途放棄也不會造成損失。

另一方面，有助於推展手邊工作的必要知識和經驗，則必定要花錢投資。原因很簡單，這是可以事先計算投資報酬率，釐清能賺多少錢的項目。

像是學習做菜或自製甜點，也能以日後可減少的支出來計算投資金額報酬率。在學會做出美味甜點之前，我們會去甜點店買點心。對我們來說，這既是自我投資，也是讓生活更豐富的休閒娛樂。

自我投資往往被視為每月支出中的「神聖領域」，也是一般人不敢縮減的支出項目。

「收入較低的時期，把錢拿來投資自己會比存起來更好。」相信聽到這句話，各位會覺得很有道理。

要小心的是，如果花在自己身上的錢沒有額度限制，只會墊高自己的生活成本。簡單來說，這個觀念一不小心就會讓你活得很痛苦。

為了避開這種窘境，我和妻子只在能事先計算回收金額的事

物上花錢。若是目前無法計算投資報酬率的事物，我們盡可能不花錢。

正因為我們秉持這個想法生活，才能在自我投資和節約中保持平衡。

“發明遊戲的創意發想法

我和妻子在婚前，幾乎沒有體驗過一般人想像中的正式約會。

連旅行也是婚後才開始。

說起我們如何度過在一起的時光，就是散步，一直在散步。

我們會在一定路程內來回散步。結婚到現在，我們依舊維持同樣的相處模式。

散步讓我們夫妻倆每月的娛樂費用控制在一萬日圓以內。

話說回來，我們並非為了不花錢才散步。當然，節約的確是我們散步的目的之一，但真正的原因是，我們知道如何讓散步變有趣。

並非只能花錢買別人做的遊戲來玩，自己發明遊戲也是好方法。

花錢買來的遊戲具有強烈刺激感官的效果，這不是壞事，只不過愈強烈的刺激愈容易感到膩。

另一方面，自己發明的遊戲較簡單，刺激度也較低。好處則是創造新遊戲的過程充滿娛樂性，賞味期較長。

光說「發明遊戲」，各位可能無法理解是怎麼一回事。我來為各位介紹，我和妻子常用的創意發想法。

先說結論，我們是從以下的公式中，藉由替換不同選項來創造新遊戲。

①地點×②時間×③飲食×④目的

容我以具體範例詳細說明。

假設你難得休假，沒有任何雜事打擾，可以悠閒度過，但只是在附近隨意走走又感覺不夠充實。

遇到這種時候，就可以利用這道公式，發明自己的遊戲。

範例：

「地點：陌生車站」×「時間：上午」×「飲食：自己帶飯糰便當」×「目的：去自己從未去過的店」

說的具體一點，早上在家準備飯糰便當，上午搭乘電車在任意一站下車，四處散步並找一間自己從未去過的店，進去逛逛。達成目的後，到公園坐下來享用便當。這就是自己發明的遊戲。

將散步發現的店鎖定為甜點店，購買午餐後的點心，以此為遊戲目的也很有趣。

只要替換公式裡的四個選項，就能變化出截然不同的遊戲。

舉例來說，將地點換成騎自行車就能到的地方，時間從白天換成晚上，來一場夜間野餐，最後將飯糰便當改成三明治便當。

在創意發想法中運用巧思，單純的散步也能變成好玩的遊戲。

此外，散步遊戲還有應用升級版。我和妻子上街閒逛或到咖啡館聊天時，也常常帶自己做的便當。

有時候自己做飯糰，在便當盒裡放炒蛋和香腸；有時候則是用長棍麵包夾火腿與起士，享用歐式便當。

即使是臨時興起的小約會，帶上自己做的便當即可節省外食費。

而且帶便當還能省下找餐廳吃飯的過程，我和妻子都很喜歡這一點。

畢竟要找到我們兩人都想吃的餐廳，或是上網查五星好評的店家，其實很容易造成壓力。不僅如此，要是走到店門口才發現得排隊，反而更掃興。

既然如此，乾脆自己帶便當比較輕鬆，心情也很愉悅。

在路上散步時經過的漂亮公園或神社，是最完美的野餐地點。在沒什麼人潮的地方呼吸自然空氣，悠閒地吃便當，享受舒服自在的用餐時光。

“自己製造，自己修理

我和妻子會盡可能靠自己的雙手，製作生活中的必需品或自己想要的東西。

不可諱言，向專家或店家購買，可以直接取得外觀精美、功能卓越的商品。

但自己動手做必需品有一個很大的好處。

那就是可以「自己製造，自己修理」。

花在物品上的成本不只是購買時的價格，還包括電費、場地費等使用成本，以及延長使用壽命的維護成本。

簡單來說，購買汽車時除了當下支付的費用，還包括油錢和汰換老舊零件的費用。

總而言之，若要降低生活費，必須事先估算持有該物品後伴隨而來的總成本。這是重要關鍵。

因此，可以自己修理是最大優勢。

「妻子的光療指甲」就是我們在家「自己製造」的代表事物

之一。

以前妻子會上美甲沙龍做光療指甲，後來她在光療指甲專賣店Mercari和百元商店，以便宜價格購齊所有必要工具。然後在YouTube看影片學習相關知識，她現在已經會自己做光療指甲。

自己做光療不僅能大幅降低做指甲的成本，平常遇到指甲剝落的情形，也不需要上美甲沙龍，只要在家就能修補，完全不花一毛錢。

姑且不論花不花錢，有些人覺得上美甲沙龍修補很麻煩，寧願頂著剝落的光療指甲生活。原本做光療指甲是為了讓自己開心，如今沒辦法立刻修補，反而會成為壓力來源。

這就本末倒置了。

除了光療指甲之外，我家客餐廳裡的餐桌和臥室裡工作用的吧檯桌，都是我親手做的。比起購買現成家具，自己做的成本相當低。不僅如此，塗裝剝落時還能自己修補。

不可否認，我們不可能親手製作生活中的所有物品。

儘管如此，有需求的時候，我還是都會先停下來思考：「我們能做什麼？」

自己動手做需要付出時間與勞力，不只可以感受勞動的樂趣和成就感，還能降低生活成本。

當這些物品慢慢變舊或損壞，我們也會想細心修補，延長物品的壽命，並且更加愛惜使用。在這些物品的圍繞下生活，是最豐富充實的人生。

“不要以瞬間最大風速[3]思考奢侈這件事

簡單生活不代表不能偶爾奢侈。

首先我們要釐清：「奢侈究竟是怎麼一回事？」以及什麼樣的情況是奢侈？是以特定物品為標準？或是以具體金額為標準？相信很少人能立刻說出答案。

3 作者透過氣象學的名詞來比喻某些情境中，不應僅著眼於事物的瞬間極端狀態，而應考慮整體情況。

先說結論，每個人對於奢侈的感覺與標準都不同。

原因很簡單，奢侈是比一般還高的等級。換言之，必須要有「一般」這個比較標準，才會有「奢侈」的感受。

總而言之，到住家附近的連鎖餐廳吃飯不算奢侈，去高級餐廳吃飯也不是奢侈。然而對於平時完全不外食的人來說，偶爾去一次連鎖餐廳吃漢堡排定食就會感到奢侈。這就是奢侈真正的意義。

對於平會常在超商買咖啡的人來說，超商咖啡就是「一般」等級；相較之下，我和妻子平時根本不去超商，因此在我們眼中，去超商買咖啡是一件奢侈的事。

既然奢侈是與一般等級比較才有的感覺，我認為比平時稍微好一點的享受就是最好的奢侈。

對我和妻子來說，旅行和去超商買咖啡都是奢侈的事。都是比平時更好的享受。

此外，若說旅行和去超商買咖啡的價格差一百倍，是否感受到的幸福也會差一百倍？我認為事實並非如此，頂多差十倍左右。

若是如此，與其享受瞬間最大風速的極致奢侈，不如充分體驗微小而踏實的幸福。當兩者付出同樣的金錢，後者在生活中所累積的幸福總量比前者還多。

我們將這個想法稱為「從總量思考幸福度」。

最重要的是，當我們不斷享受瞬間最大風速的極致奢侈，漸漸地會覺得極致奢侈的生活很「一般」。過去住一晚一萬日圓的旅館覺得很奢侈，住了幾次之後卻覺得一晚兩萬日圓的旅館才算奢侈。

習慣奢侈的行為代表「生活水準變高了」。

當微小而踏實的幸福只是一、兩百日圓這點小錢，很容易調整生活水準；但當我們習慣了動輒一萬日圓差距的奢侈，由奢入儉就會變得相當痛苦。

簡單來說，平時生活不花多餘的錢，只要多一點幸福便是奢侈。如此一來，不僅能過著不花錢的幸福日子，若想調整生活水準，也不會感到太痛苦。

這就是我想與各位分享的觀念。

“平凡小事也要慶祝

我和妻子認為，豐足的生活是由乘法計算出來的。世界上多到滿出來的物質和服務其實都是中性的，不好也不壞，而自己如何對待這些物質和服務，才是影響生活豐富度的關鍵。

可以用算式表現如下：

物質和服務×自己的態度＝生活豐富度

舉例來說，明明去高級餐廳用餐，卻臭著一張臉享用美食，根本就是浪費美好時光。

簡單以數字套用在這個算式上，假設在高級餐廳用餐的豐富度是「一百」，自己的態度是「負一」，相乘後得到的豐富度就是「負一百」。

反過來說，就算是那些在平凡日常中滾動、豐富多樣的小小種子，只要我們主動栽種，就能收穫碩大的果實。

同樣套用數字說明，假設物質和服務的豐富度是「一」，只要我們的態度是「一百」，相乘之後得到的豐富度就是「一百」。

心中秉持這樣的想法，就能決定生活的豐富度，翻轉平凡無奇的日子。

我和妻子經常「慶祝平凡無奇的日子」。

還會讚頌好天氣，即使下雨也心存感激。

不僅如此，每當工作告一段落，或在街上看到可愛的貓咪，我們也會慶祝。

我們會隨便找個理由慶祝每一天。

這麼做的原因，是因為我們改變了看待周遭事物的態度。

晴天是理所當然的氣候現象，本身並不稀奇。再說，我們無法控制天氣。就算覺得晴天比雨天好，也不可能想辦法讓天氣放晴。

話說回來，生活的豐富度並非光靠單一事物所決定，而是相乘之後的結果。

假設眼前有一個豐富度不高的事物，而我們無法控制它，最後的決定關鍵就是「自己的態度」。

「平凡小事也要慶祝」的想法能幫助我們察覺這一點。

例如，當你想著「今天天氣真好，來做一點豐盛的料理吧！」，就能把尋常的晴天，變成有點特別又有點開心的晴天。

我們想要慶祝某事時，不需要在意別人是否慶祝。並不是只有生日、紀念日、假日、長假、聖誕節、過年等特殊節日才要慶祝。

一年三百六十五天，可能多達三百天都是平凡無奇的普通日子。既然如此，若能愉快地度過這三百天，人生肯定會變得更豐富，你說對嗎？

無需對自己無法控制的事物一會兒笑、一會兒哭，而是專注於自己可以控制的事物，如此一來就是改變「對待事物的態度」。這樣的方式能讓日常生活變得更快樂。

“親手做禮物

我和妻子不太為自己花錢，但我們喜歡送禮物給重要的人。各位可能覺得我的說法有些偽善，但我認為讓自己幸福最快的方法，就是讓身邊的人開心。

生活在充滿壓力的社會，人們很努力地讓自己開心，療癒疲憊的心靈。這件事並沒有錯。

只不過，壓力讓我們的心靈破了一個洞，由別人來填補空洞遠比自己填補更輕鬆。

先將金錢放在一邊，再來思考這件事就很容易理解。

各位不妨想一想，在公司工作時什麼事能讓你開心？

我猜應該是別人對你展開笑顏、別人向你表達感謝，以及受到讚美的時候。當我們身邊感到開心的人愈來愈多，代表自己的能力變好了，自己當然也會開心。

正因如此，在平凡日常之中，若能讓身邊的人感到開心，最後就能讓自己幸福。

最能讓別人開心的方法就是送禮物。

值得注意的是，無需大量送禮反而造成自己的生活費出現赤字，也不需要送昂貴的禮物。

只要送禮給自己想要來往一輩子的重要親友就好；用心思考什麼能夠讓對方開心，送什麼都可以。

重點在於，我們送的禮物大多是自己親手做的。

以我來說，如果要祝賀朋友新婚，我會用相機拍攝婚禮當天的影片，編輯過後送給對方。各位別誤會，影片內容並不複雜，只是以我們幾個朋友為主角，純粹表達心意而已。雖然是一部簡單的影片，朋友收到後卻很驚喜。朋友感到開心，我也開心。

另一方面，妻子會在情人節親手製作巧克力送給我父親。我相信父親收到手作巧克力，絕對會比收到市面上的商品更驚喜。

讓珍重的親友感到開心，最後也能讓自己幸福。若是親手製作的禮物，意義更重大。

不只是讓自己重視的親友感到開心，製作過程中腦海浮現出親友的笑容，也能充實我們的心靈。因此，親手製作禮物是很棒的休閒娛樂。

關鍵在於，珍惜我們想珍惜的人。

簡樸的想法可以讓生活更豐富。我深深感受到在製作禮物時，花費的時間、心力與金錢所帶來的充實感，遠比買自己的東西更加深刻。

“真正需要的東西究竟是什麼？

若認真思考購物的目的，答案應該是「讓生活更幸福」。購買內建便利功能的家電，是為了減輕目前做家事的負擔，讓自己過得更幸福；購買外型時尚、功能基本的家電，則是希望可以看見自己喜歡的物品，讓自己過得更幸福。

照理說，我們應該透過購物走上更幸福的人生道路。

然而，購物反倒在不知不覺間，成為我們無法過得幸福的主要原因。如同我在第一章說過，購物會墊高我們維持正常生活的成本，縮減我們的工作選項。

「真正需要的東西究竟是什麼？」

我認為，人只要不花錢購物就能活出自我。過去好幾年，我在生活中不斷摸索這個問題的答案。

摸索之後，我發現「真正需要的東西是親身經歷」。

各位應該都聽過「把錢花在增加經驗，而非購物」這類說法。

這句話並不完全正確。因為購物，也是為了豐富親身經歷。

假設你想買一張新沙發，各位可能會先想到這是購物，而非購買經歷。但事實上，買新沙發的目的就是要獲得「享受放鬆時光」的體驗。

因此，各位在思考自己真正需要的東西時，先不要想物品本身，而是思考自己想要什麼樣的親身經歷。

以剛剛提到的沙發為例，假設你想追求的是「享受放鬆時光」的體驗，那麼你的解決之道不見得是買張新沙發。

你不妨先想想，怎麼做才能在房間裡享受一段放鬆的時光。如此一來，你就會發現買張新沙發反而會增加打掃負擔，造成反效果。

你可能也會想，與其買新沙發，不如確保地板有足夠的空間，讓自己能躺在地上自由自在地做喜歡的事。這麼做更能「享受放鬆時光」。

我和妻子總是思考「我們想要什麼樣的體驗」，只要確定了這一點，腦中就會浮現許多解決對策。

身邊只留下真正想悉心呵護的物品，並且妥善使用。我們堅信這才是簡單生活，也是花一點錢就能讓人生過得精采的祕訣。

第3章

辭掉不想做的工作，讓生活更快樂

“對於不想做的工作要設下辭職期限

想要以少許金錢過得快樂，有件事絕對不能跳過不做。那就是「辭掉不想做的工作」。

我發現許多以節約為主題的書籍和資訊都忽略了這一點。

以下純屬個人心得，我發現不靠自己不想做的工作維生，一個人只要五萬日圓就能活得開心。如果你找的正職是你不想做的工作，根本不可能每個月只花五萬生活。

原因在於當你從事不想做的工作時，會慢慢累積壓力，而為了宣洩壓力就須藉由花錢，讓自己保持身心平衡。這是許多人目前的處境，也是始終難以消除金錢不安全感的真正原因。你不但無法辭去感到痛苦的現職，生活的窘迫更是時時刻刻困擾著你。

第三章會從我的個人經驗出發，分享如何擺脫討厭的工作，以及不靠自己不想做的工作賺錢的祕訣，希望能帶給各位一點啟發。

容我先整理前面闡述的重點，想要活出自我，就必須以少少的錢生活；為了達到目的，則須努力擺脫不想做的工作，找其他工作賺錢。

這時就會出現一個問題。

要是無法以少少的錢生活，就無法降低賺取生活費的工作門檻，自然很難擺脫討厭的現職；反過來說，若想以少少的錢過日子，就不能從事自己不想做的工作，否則會走進死胡同。

所以，我的策略是設下期限，辭去自己不想做的工作，同時親手開創其他工作，也就是副業。

以我為例，我辭去辛苦的海外業務工作，選擇還算適合自己的職業類型。但這麼做只能讓我擺脫一部分討厭的現況。

無論是在固定的地點與時間工作、聽從他人指示、和從未謀面的人講電話，都讓我感到痛苦。

於是我決定「這份不想做的工作只忍耐三年，在這段期間努力磨練生活自給技能，學會以少許金錢生活。嘗試副業，靠其他工作賺錢」。

在我付諸行動之後，神奇的事發生了。

由於下定決心只做三年，我的內心產生「反正三年後就要離開這裡」的想法，也開始敢在公司裡主張個人意見。

我在第二家公司任職時，部門裡每個人幾乎每個月都加班四十小時。平日上班時間我會專心做分內的職務，但從進公司第二天起，我堅持準時下班。

若是以前的我，會在意他人目光，和其他同仁一樣每個月加班四十小時。

不僅如此，我也不在乎因此受到苛責。我會處應目的不明的任務，中午休息時間一個人吃便當，完全不參加同事邀約的餐會，也不陪上司打高爾夫球。

當然，既然只是受雇的員工，為別人做事，不可能躲過所有討厭的事。

還好我早早就設下忍耐期限，我覺得「被同事討厭也無所謂」，反而可以切割職場上複雜的人際關係。

寫到這裡，各位可能覺得我在公司像一顆腫瘤，毫無益處。其實，我早就跟公司坦白一切。

我跟他們說我會準時完成交代的工作，注意自己的言行舉止，不讓別人感覺不舒服。其他同事遇到問題時，我也會在能力範圍內提供協助。只要堅持職場倫理處世，安於自己的原則下工作，一些瑣碎小事對於職場的人際關係並不重要。

幸運的是，我在第二家公司工作時，並沒有感到很痛苦，也不至於身心疲憊，還成功地將生活成本降至每月八萬日圓。

這是人生百年時代中的三年。

直到現在，我仍然記得一想到「只要忍耐三年即可」，心情頓時豁然開朗的感覺。我剛出社會的時候，還認定自己非得從事討厭的工作好幾十年不可，如今想法已經完全不同。

不可諱言，並非忍耐三年之後，人生就會變得一帆風順。辭去了不想做的工作，未來的日子該怎麼過，還是教人感到不安。

無論如何，知道自己在某個時間點後就不用再做討厭的工作，可以讓自己的心靈感到安慰。

結果，我做了兩年就辭去第二份工作。

「做自己喜歡的事維持生活」的詛咒

YouTube的廣告詞中有一句是：「做喜歡的事維持生活」。從此出現許多將自己喜歡的事拍成影片，藉此賺取收益的YouTuber。這樣的成績對於沒沒無聞的平凡人是一大希望。

話說回來，我們雖然可以做喜歡的事維持生活，但「也可以不靠喜歡的事賺錢」。

由於「做喜歡的事維持生活」這句廣告詞過於強烈，反而在我們身上埋下了「不靠喜歡的事賺錢太可惜了」的詛咒。

坦白說，若能只靠喜歡的事來維持生活，自然是最理想的狀態。但現實世界裡沒有一百分的完美人生。

若想靠著在YouTube發布影片，介紹自己喜歡的事賺錢維生，就須不斷重複完成以下工作：構思下一部影片的企畫、拍攝影片、編輯素材、思考具吸引力的標題和副標、分析觀眾反應並應用在下一部影片中。相信各位可以想像得到，並非每個階段的工作都那麼有趣。

若將不有趣的工作外包，又會擔心成本透支。投資愈多錢在事業上，就會愈急著回收成本。到最後根本就是以賺錢為第一優先，而不是做自己喜歡的事。

總之，光靠做自己喜歡的事維生不過是幻想。因為在喜歡的事情中，必定存在令人生厭的時間。

我選擇的副業是寫部落格，我想透過部落格賺到最低生活費。但在真的賺到錢之後，我有了上述體會。

當初從第一家公司跳到第二家公司工作時，我請了一個月的特休假。在這段期間，我什麼也沒做，並且在心裡暗暗決定，今後的人生再也不做自己不喜歡的事。

為了做到這一點，我必須想辦法處理不想做的工作。

第一步，我開始思考「自己不想做什麼事」。

・由別人決定工作地點與時間
・在人多的地方工作
・自己無法決定工作內容
・無法接受目的的工作
・要與他人協商溝通
・休息時間要閒聊
・與他人一起行動

・接受他人指示
・參加不想去的聚餐
・和別人講電話
・必須取得別人的許可
・必須穿制式服裝
・行為舉止要顧慮別人
・一群人共同決定一件事
……等等

在紙上寫出自己不想做的事，就能看到自己真正的想法。這一刻我才發現，我最希望從事的工作是「不必接受別人指示，可以獨力完成的任務」。

在此條件下，我選擇寫部落格。

客觀來看，我經營部落格，也是將自己喜歡的事當成工作。

但若是仔細解析實際花費的時間與各階段工作細項，就會發現這一點和世界上所有工作都相同。既會讓人感覺麻煩，也會因為不合理感到憤怒。

只不過寫部落格對我來說，是不必做討厭工作的一個選項。如此而已。

這是合理的工作選擇標準。

雖說可以將喜歡的事當成工作，但也沒必要堅持非靠喜歡的事賺錢維生不可。

各位要思考的是「先釐清自己絕對不想做的事，並避開地雷」。找到符合前述條件的工作，是擁有八十分人生最重要的第一步。

“比靠副業賺錢更重要的事

我在當上班族時發現幫別人工作很痛苦，於是選擇寫部落格當副業。當時我還自信滿滿地認為「我要靠部落格賺到比正職還高的收入」！

為了達成目標，我平日清晨五點就起床，寫兩個小時的文章，一直寫到要出門上班才停筆；傍晚我則是準時下班，迅速吃飯、洗澡，晚上六點到九點繼續寫部落格。

假日我完全不出門，從清晨五點不停寫文章到晚上。這樣的生活我過了兩年。

「我再也不想做自己不想做的工作。」

就是這樣的負面情緒推著我往前走。

後來我發現，我一個月裡在家寫部落格的時間，比待在公司的工時還長。

可是，我花這麼多時間投入副業，到底有沒有賺到很多錢？答案是沒有。我開始寫部落格幾個月後，才賺了幾十日圓；連決定辭職的時候，也只賺到最低生活費而已。

但若你問我：「你的部落格副業失敗了嗎？」其實也沒有。

直到真正開始寫部落格，我才深刻體會到工作時間可以如此充實。

經營部落格並不是我喜歡的工作。

只是因為我在思考什麼樣的工作不會受到地點和時間限制，不必接受別人指示，可以憑一己之力完成時，想到了部落格，如此而已。

即使是現在，我依然覺得經營部落格的時間有九成「很辛苦」，但剩下的一成隱藏著極大的喜悅。

部落格中每一篇文章都是我花費心力寫出來的，一些瀏覽文章的格友偶爾會留下感謝的字句，我讀了真的很開心。

我在當上班族的時候，沒辦法從自己的工作中找到意義，始終覺得很不踏實。要是能理性地將工作單純視為賺錢工具那還算好，但我每天要花超過八小時在無意義的事情上，這一點對我來說只有痛苦。

正因如此，即使經營部落格要做的事很繁瑣，但一想到付出的時間可以讓別人感到開心，就覺得喜不自勝。

回過頭來看才發現，比起出去玩，在家寫部落格的時間更加充實。

我無法靠部落格賺很多錢。

但平日花五小時、假日花十二小時，就找到了讓我專心投入的娛樂。

更棒的是，經營部落格的成本只有每年租借伺服器約一萬出頭而已。換算下來，每個月只要花一千日圓左右，就能擁有將近兩百小時的遊戲道具。

從這一點來看，我實現了「無需花錢享受娛樂的生活」。

副業是賺錢的手段之一。不僅如此，將賺錢視為副業的優先目標也很合理。

但我發現副業有著比賺錢更重要的目的。

那就是「讓工作變得有意義」。

誠如先前所說，只要捨棄自己絕對不想做的工作，並且讓別人開心，就能在工作中感到充實。如此一來，你無需透過花錢享受娛樂，填補內心的空虛感。

總而言之，達到了花少許金錢快樂生活的目的。

想要消除金錢的不安全感，絕對不可或缺的關鍵並非賺很多錢，而是實現不賺錢也能如常生活的狀態。

做討厭的工作賺錢維生，只會讓人痛苦。投入愈多時間從事不想做的工作，只會讓人花愈多錢。做自己不想做的事充滿痛苦，還得花錢撫慰身心。

簡單來說，若是為了擺脫對於金錢的不安全感，而將賺錢視為第一考量選擇副業，反而是本末倒置的做法。重點在於，「你是否能在這份工作中找到意義」。

只要找出工作意義，就能擁有八十分的人生。

“從副業找到「工作意義」的方法

我選擇寫部落格當副業的時候，完全不具備經營部落格的技能，也沒有足以幫助他人的知識與經驗。

我很清楚想靠部落格賺錢，必須找出有需求的領域，了解競爭對手，凸顯自身定位，呈現出明顯差異。即使如此，我還是不具備足以實現目標的技能。

不僅如此，當時的我沒有任何知識與經驗，又找不到工作的意義，對於提升部落格收益得做的一切感到非常痛苦。

但如今我明白一件事。

沒有任何技能與實績的普通人，想在副業中找出工作意義、賺取收入唯一要做的事，那就是「努力朝理想的自己邁進」。

只要做這件事就好。

不只是透過部落格或社群網站發聲，最重要的是你想成為什麼樣的人。在追求自我的過程找出自己特有的使命，並忠於使命，為工作增添意義。

做到這一點就能凸顯差異，帶來收入。

為了讓這個論點更加淺顯易懂，接下來我將結合親身經驗，依序為各位說明。

一般來說，要靠分享知識賺錢，一定要以自己喜歡或擅長的事物為主題，分享對大眾有益的資訊，這是鐵律。如果原本就擁有這樣的條件，當然是最理想的狀況。但我完全不知道自己喜歡什麼、擅長什麼，也想不出自己可以為他人做出什麼貢獻。

可想而知，空無一物的我無論分享什麼資訊，都不會有人想看。在吃過無數苦頭、嘗試各種方法之後，我開始向大眾分享「在成為理想自己的過程中學到的事」。

那就是「金錢觀」。

想不靠討厭的工作維生，需要金錢做後盾。我認為正是對於金錢的不安全感，讓人無法活得幸福。

於是，我向圖書館借閱好幾本與金錢有關的書，搜尋與金錢觀念有關的部落格，還觀看許多YouTube影片，學習各種知識。我將學到的相關知識消化吸收後，寫成部落格文章分享。

我廣泛學習金錢觀，包括節約技巧、繳稅、投資等，在分享過程中慢慢熟悉理財觀念。多虧如此，我才能用每月八萬日圓的生活費過得開心自在。

不僅如此，誠如我從第一章就不斷強調，我發現「努力以少少的金錢過生活，才能實現自己打從心底想要的生活方式」。

後來我發現，比起單純分享理財觀念或節約技巧，「幫助想要擺脫生活的痛苦、活出自我的人」才是我的使命。

過去，我曾經受到世俗常識所束縛，並且因為對金錢的不安全感而動彈不得，痛苦不堪，經過一番努力才克服難關。正因為這段經歷，我現在才能去幫助那些和我一樣為錢所苦的人。我很自然地有了這樣的想法。

現在的我整天都在思考，怎麼做才能讓那些覺得生活很苦的人，了解到以一點錢過簡單生活的日子有多豐富？

思考這個問題的同時，我也感到非常充實，一想到自己付出時間與心力就可以拯救他人，內心不由得十分滿足。

雖然寫部落格的過程稍顯繁瑣，但因為懷抱使命感，我直到現在仍在社群上持續分享自己的想法。

只要找到屬於自己的使命，就能讓自己所做的事與眾不同。同樣是談金錢觀，對於分享理財知識懷有使命感的人，就會以淺顯易懂的方式簡單說明艱澀的財務規畫。

此外，雖然目的都是希望人們學會理財知識，但分享對象是大學生、二十幾歲的年輕人，或是有孩子的父母，都會影響你的分享內容。

若是希望別人也覺得節約很快樂，並將這件事當成自己的使命，肯定能拍出精采的節約生活影片；或是利用可愛的插畫、趣味漫畫分享觀念，凸顯與競爭者的差異化。與此同時，為了成為理想的自己所做的努力，最後受惠的還是自己。

以我為例，我每天思考如何花一點錢就能過得快樂，嘗試各種方法，最後我真的能以更少的錢過得更快樂。

無論是「讓別人開心」或「幫助別人」，都是努力成為理想的自己的過程中，額外收穫的好處。

無需為別人，只要為自己努力就好。更精確來說，為自己努力才能成為幫助別人的力量。

“努力成為理想的自己

接下來我要稍微深入說明，為什麼是以理想的自己為目標，而不是賺錢。

當你在網上搜尋賺錢方法，一定可以找到「幫助別人解決問題就是最好的投資」這類資訊。財經商業書籍的讀者想必都讀過類似的文章。

此時，各位可能會開始思考自己擁有哪些能力，可以幫助人們解決問題。但這個想法是錯的。

你首先要做的不是幫助他人，而是努力成為理想的自己。當你愈來愈接近理想的自己，自然就能幫助他人。

原因很簡單，當你努力成為理想的自己，就會知道這個過程有多艱難。

朝理想的自己邁進，必然伴隨著痛苦，而且需要不斷努力。努力不懈追求理想，就會發現唯有自己才能做到的事。久而久之便昇華成「使命」。

我們可以發現使命，卻不能尋找使命。使命是自然誕生的。

人類是一種想活下來，就要與他人接觸的社會性動物。憑藉著唯有自己才能做到的事來幫助他人，不是很有趣的一件事嗎。

因此，我們首先要做的不是尋找「不理想的自己」，這只會讓人覺得活著很痛苦。第一要務是成為「理想的自己」。

每個人看待自己的理想樣貌不同，所以何謂理想並沒有制式答案。各位要仔細思考的是，理想的自己能夠成就哪些事、過上什麼樣的生活。

最棒的是，走在努力成為理想的自己的路上，無論過程多辛苦，身心都不會因此崩潰。

我們之所以不想努力，往往是因為目標不是理想的自己。努力研讀英文，報考毫無意義的多益測驗之所以感到辛苦，正是因為考取高分也不會成為理想的自己。

當你實際感受到一步步接近理想的自己，自然會發現足以貢獻他人的長處。

假設你想瘦下來卻戒不掉甜點，這時不妨親手製作不容易發胖的低熱量點心，朝能夠瘦下來、理想的自己邁進。

現在能否做出好吃點心不是重點，而是要察覺自己想成為什麼樣的人，該怎麼努力才行。

當你認真研究如何製作不發胖的點心，過程中付出的努力會形塑出唯有你才能完成的使命。這個使命可能是讓不滿意自己體型的人，也能吃到不發胖的點心；或是讓更多人知道，在家也能輕鬆做出不發胖的點心。

無論如何，當自己的專長可以幫助別人時，我們不只能感到喜悅，還能開心享受好吃又不發胖的點心。

因此，不要一開始就想賣點心賺錢。

賣點心賺錢的方法太多了，要是沒有先釐清「自己為什麼想做點心？想做什麼樣的點心？」，就很難從中找出對自己有意義的方法。

明明想瘦身卻製作高熱量點心販售，只會增添痛苦，不僅無法在工作中感到充實，還會讓自己發胖。

綜上所述，與其一開始就以賺錢為目的，不如先努力成為理想的自己，才能活出自我。

“賺來的錢能維持基本生活就好

工作的功能是賺到可維持基本生活的金錢。「一定要賺很多錢才行」——這個想法體現出對金錢的不安全感。明知自己不想從事目前的工作卻無法辭職，也是讓人無法擺脫不安全感的原因。

我在辭職前，就針對自由工作者及創業相關資訊進行過一番研究。

常看到有人說：「上班族若想辭職，至少要能賺到比目前薪水高出兩倍的收入。」

但這種說法完全錯了。

能賺到這麼多薪水當然很好。可是，要額外賺這麼多錢，準備期間勢必會拉長，可能得再花好幾年繼續做自己不想做的工作，從這一點來看並不理想。因為你這幾年還是會出於工作上的痛苦不斷揮霍金錢，以緩解內心苦悶。

況且，「賺到兩倍薪水的收入」、「每個月賺一百萬日圓」這類以收入為前提的想法，也會讓自己的工作選項變少。

賺錢時要考量的重點，就是讓自己處在「收入大於支出」的狀態。

這樣就好。

唯有釐清可能的花費，才會知道「必須賺多少」。這不是光靠收入就能決定的。

說得極端一點，假設你希望每個月賺一百萬，但你每個月的生活費卻超過一百萬，必然出現赤字。

相反的，假設你每個月的生活費是十萬日圓，你只要賺十萬就夠了。

要是之後每個月賺十五萬，還有機會存錢。

倘若不理解收入與支出的相互關係，就會認定「得賺很多錢才行」，反而徒增煩惱。

不過，誠如我先前所說，釐清自己花多少錢，就知道必須賺多少錢。因此，只花費少許金錢的生活型態最好不過。

當我們萌生念頭，不想靠討厭的工作維生，卻又往往在一番考量之後，發現最低生活費太高，覺得自己並不具備可賺足這些費用的專長因而放棄。

要是能將最低生活費降低，你的工作選項就會變多。如此一來，便不再需要藉由揮霍金錢來排解工作上的痛苦，讓人生走入正向循環。

與此同時，即便你目前每個月的生活費是十五萬日圓，只要體驗過五萬日圓過一個月的日子，就不會再產生對於金錢的不安全感。

這正是活出自我的基礎。

所以，擺脫自己不想做的工作，從其他工作中找到工作的意義，也就是使命感。能夠做到這一點，就不需要賺很多錢。

以少許的錢過簡單生活，即使只賺到最低生活費，也能度過心靈充實的日子。

“可是，賺很多錢也沒關係

雖然我說「不需要賺很多錢」，不代表「不能賺很多錢」。

說實話，錢當然是賺愈多愈好。

我在前文中多次闡述的「努力以少少的錢快樂生活」，是奠基於工作選擇多、可擺脫痛苦現況的處境。

痛苦現況指的是為了維持生活，只能選擇條件門檻較高的工作，例如「每個月不賺二十萬無法生活」這類現況。

當你努力擺脫自己不想做的工作，以其他工作賺錢，只要在這當中找出屬於自己的使命，想賺多少錢都可以。

總而言之，如果你每個月只需十萬就能維持生活，你可以只賺十萬；你也可以賺二十萬、三十萬。擁有前後兩者選項，是你擺脫痛苦生活的重要關鍵。

話說回來，我以前不清楚賺錢的意義，並且認為能力好的人才能賺很多錢。

但，我錯了。

一個人能賺很多錢，是因為他讓更多人（或十分煩惱的人）感到開心。

我的順序錯了。

音樂人的厲害之處在於，他們用音樂為人們充電；廚師的厲害之處在於，他們用美味料理撫慰人心；意見領袖的厲害之處在於，他們分享的資訊可以影響更多人。

這是他（她）們賺許多錢的原因。

自己賺錢可以讓別人開心，若因此能賺更多錢，不妨多多益善。此外，不要一味想成為多厲害的人，只要讓身邊的人感到開心就好。

能否理解這一點，將深深影響你對工作的看法。

如果你現在無法讓別人開心，與其想影響別人，不如先學會如何讓別人開心。簡單來說，就是「努力成為理想的自己」。

接著再思考「如何運用自己的知識和經驗讓別人開心」，然後持續累積實際經驗，就能賺很多錢。

這就是為什麼你可以只賺取最低的生活費，也可以盡量去賺更多錢。

“自然而然找到擅長的事

我以前認為「靠自己不討厭的工作，賺取超過支出的收入就好」。然而，要靠那份工作持續賺錢是很困難的。

我相信很多人都跟我有同樣的想法。

先說結論，其實這個想法也是錯的。

原因很簡單，我們本來就不需要老是做同一件事，一直賺同樣的收入。

更進一步來說，有時候沒收入也沒關係。

習慣上班族通勤型態的人，每個月同一天帳戶都會匯入同一筆錢，這很正常。說好聽一點是穩定；說難聽一點，就是無盡勞動的詛咒。

然而，賺錢只是我們維持正常生活的方式。

當收入低於生活費的過渡階段，可以努力降低生活費，或是以儲蓄暫時填補缺口。

可是大家並不這麼做，寧可守著同一份工作，賺取同樣金額的收入。導致苦悶的漩渦愈來愈大，內心陷入焦慮，更加難以擺脫自己不想做的工作。

「我該怎麼做才好？」若要回答這個問題，你要做的是努力朝理想的自己邁進，並善用過程中學到的知識，讓別人感到由衷開心。

我原本的副業只有部落格。

在過去四年，我又嘗試YouTube和Instagram等社群平臺，還寫電子書販售。儘管挑戰許多副業後以失敗收場，但我從這段過程中慢慢了解到「自己的長處」。

我認為人的長處不是想找就找得到，而是在付諸行動後，自然浮現的結果。

當你看見了自己的長處，就會明白這份能力也能應用在其他地方。

像我一天花好幾個小時寫部落格，起初以為自己擅長寫作。但有一天我發現好像不是這麼回事，我並不討厭寫文章，但絕對稱不上寫作高手。

那麼，我的長處究竟是什麼？我認為是「以淺顯易懂的方式整理資訊」。當我察覺到這一點，我又想到了幾個可以發揮這項長處的點子。

我對賺錢這件事還是懷著不安全感，也依舊會擔心哪一天突然失去收入來源。

即使如此，我還是願意嘗試各種挑戰，其中也包括不曉得能否轉換成收入的事、目前沒時間只好先擱置的事，還有一些是想和妻子一同挑戰的事。

綜上所述，只要了解自己的長處，就無需死守目前的工作，永遠賺同一筆錢。

事實上，每個人都會隨著時間改變，因此一直從事同一份工作也是讓生活痛苦的原因之一。

此外，為了因應暫時沒收入的突發狀況，給自己留後路，才要習慣以少少的錢生活，厚實儲蓄。

這些都是我一直以來的強力後盾，也是安全感的來源。

習慣了以更少的錢生活，失去收入時就能靠儲蓄暫時度過難關。舉例來說，假設你存了三百萬日圓，每個月的生活費不到十萬，代表你將近三年沒收入也能維持正常生活。

要是你無法接受儲蓄水位逐漸降低，不妨每週打兩天工，賺取最低生活費。然後運用剩餘的時間發揮長處，開創新事業。這也是一條可以選擇的道路。

雖然實際執行後不見得順利，但讓自己有所選擇，並且調整好身心狀態很重要。

以少許金錢簡單生活，身心更感豐足；不亂花錢努力儲蓄，人生才會富足。

“不要為了賺錢出賣靈魂

為了方便各位理解，我在前面都使用「賺錢」這個詞。但我其實不太喜歡賺錢這種說法。

依我來看，賺錢這個詞帶著主觀意識。

把錢放入自己的錢包，意味著要從別人的錢包裡拿出錢來。

因此，我認為錢不是賺來的，而是「從別人那裡拿來的」。

既然是從別人那裡拿來的，花掉它才能體現金錢的價值，而不是存起來。

我認為我的使命是幫助那些在生活中感到痛苦的人，而減少生活費正是方法之一。因此，我們透過工作從別人那裡拿錢時，要將自己的支出降低到那筆錢足以負擔的程度。

如果做不到這一點，自己無法幸福，也無法讓別人幸福。

然而，當賺來的錢違反自己的使命時，會對賺錢感到痛苦。為了消弭痛苦，就會揮霍金錢。

此外，假設從別人那裡拿錢僅僅是奪走對方的財產，根本找不出這種行動的意義，不如留在公司裡才是對社會更好的做法。

這些都是我決定不要為了賺錢出賣靈魂的原因。

我只是剛好從事分享資訊的工作，但「不為錢出賣靈魂」的原則適用於所有工作。

舉例來說，假設你的使命是用手作點心溫暖人心，透過賣點心從別人那裡拿錢完全沒問題；相反的，若你明知推出溫暖人心的點心是自己的使命，卻販售光以獲利為目的的點心，只會感到痛苦。

因此，絕對不要為了賺錢出賣靈魂。如果賺錢既不是為了自己的使命，也不是為別人好，賺這些錢只會讓你痛苦。

剛開始，你可能沒有餘裕進行這類哲學性思考。

但你最終必定要找出自己「因為想做什麼事，而從別人那裡拿錢」。

這是你從工作中感到充實的關鍵。

若花費在工作上的時間就能充實心靈，你幾乎無需花錢也能過得開心。你會發現，要過得開心不見得必須賺很多錢，於是不會為了賺錢出賣靈魂。

最後，工作將輕快地融入你生活的一部分。

“忍不住羨慕別人時，你可以這麼做

在前面的章節中，我分享了個人經驗，提及如何擺脫自己不想做的工作，如何靠其他工作賺錢。

有些人付諸行動就能看到效果，有些人怎麼做都不順利。

不管是一路順遂或無法如願，每個人都會在實踐過程中遭遇瓶頸。我想在本章最後，為各位介紹遭遇瓶頸時該如何因應。

各位應該不難想像，我所說的瓶頸是「與他人比較，導致情緒低落」的高牆。

無論好壞，人是一種很容易受到他人影響的動物。

假設情境一：你的年收入是五百萬日圓，你的朋友每年賺七百萬日圓；假設情境二：你的年收入是四百萬日圓，你的朋友每年賺三百萬日圓。明明假設情境一的年收較高，卻是處在假設情境二才能感受到幸福。

簡單來說，人會透過比較來思考自己的位置。在社群發達的現代，我們無需主動搜尋，隨便就能看到比自己優秀的人。

這會讓我們的心情起伏不定。

另一方面，我們無法光靠意志力不去比較。「不要跟別人比較就好了」——這句話說來簡單，實際做起來相當困難。

應該說，根本不可能做到。

就算你已經實現理想的工作型態，當你在社群上看到錢賺得比自己多的人，或是工作方式令人嚮往的人，內心仍會羨慕不已。左思右想的結果，反而停下了手邊的工作。

話說回來，當我堅定自己的想法之後，我慢慢學會應付羨慕他人的情緒反應。

告訴自己「沒有一百分的完美人生」（參考第一章的解說內容），是最有效的因應對策。

當我思考如何才能活出自我，以及忍不住與他人比較時，我都會利用這個想法讓自己轉念。

無論是周遭過得幸福的親友，或是社群上那些很會賺錢的人，每個人都背負著極大的痛苦生活。而他們之所以看起來耀眼，是因為他們察覺到自身的艱難處境後，勇於面對痛苦，並且努力過著更好的生活。

因此，沒有人會感受到一百分的幸福。

察覺到這一點之後，便能冷靜看待社群上那些過得比自己順遂許多的人，同時明白「他還在為了過得更幸福而奮戰」。

愈是告訴自己別在意他人，就會愈在意他人。人就是這樣陷入了泥淖。

因此，我們要做的是接受在意別人的自己。

然後了解到其他人也和自己一樣，在痛苦中摸索人生。

如此一來，你不會再那麼容易因為與他人比較而感到低落，也能妥善處理油然而生的嫉妒心理。

第4章

儲蓄讓你成為理想的自己

“話說回來，錢究竟是什麼？

「話說回來，錢究竟是什麼？」

各位認真思考過這一點嗎？我活了將近三十年，過去從未思考過這件事。

我在二十七歲的時候，換了一間新公司，逃離辛苦的業務工作。當時請了一個月的特休假，試圖釐清自己真心想要的生活方式，然後又花了三年，努力用很少的錢過得開心，此時我才開始思考：「錢究竟是什麼？」之後，我讀了許多與錢有關的書籍。

最後我得到的結論是：

「錢是超萬能的交換工具。」

我既不是經濟學家，也絕非理財專家。因此，我不知道這個答案在客觀上是否正確。

但當我一想到錢是超萬能的交換工具時，內心便立時豁然開朗。

錢為什麼是超萬能的交換工具？只要思考人為什麼都想變得有錢，就很容易理解了。

住在附游泳池的豪宅、享受精緻美食、穿戴奢華衣飾，一年有一半的時間待在夏威夷度假。概略來說，人變有錢後做的事差不多就是這些。

為什麼有錢人能夠實現這樣的生活呢？

因為錢是超萬能的交換工具。

當有錢人想住豪宅時，用錢就能換到豪宅；當有錢人想吃美食時，用錢就能換到美食。

錢只能做一件事，那就是交換。

正因為錢可以換到世上一切事物，人才會想變得有錢。

然而，錢雖是超萬能交換工具，但就只是交換工具罷了。

明白這一點也很重要。

有錢能交換所有的物品和服務，但這並不意味著沒錢就無法擁有。

如同我到目前為止所說，不必然用錢才能交換想要的東西，親自動手做也可以。也無需用錢交換心靈富足的時間，只要做對自己有意義的工作就能得到。

這就是不依賴金錢，每天都過得開心的祕訣。

“為什麼存錢能讓生活更充裕？

當你把錢看成超萬能的交換工具，就會看到錢的另一個名字：

那就是「選擇」。

有錢人並不是有錢才富裕，而是因為錢不只是交換所有東西的工具，還讓他們擁有許多選擇，這才是關鍵。

他們可以隨時挑戰自己想做的事，可以隨時避開自己不想做的事，有錢人的富裕在於他們有選擇。

正因如此，努力以少少的錢過生活有個很大的好處。

我在前面也說過，降低維持生活的勞動門檻即可擴展工作選項。「以少少的金錢過生活自然就能存下錢」，這是最大的好處。

儲蓄只是結果而已。

基本上不是增加收入，就是減少支出，無論哪一種，結果都是儲蓄。簡單來說，即使收入相同，只要支出下降自然存得了錢。

或許有人認為「撙節開支只為了存錢的人生未免太無趣」，

但我完全不這麼想。

不可諱言，存錢不一定能讓你成為大人物，也不一定能獲得幸福。

但是，有了錢便無需強迫自己過不想要的生活。因為錢讓你有選擇，這就是存錢的意義，也是存錢唯一需要的意義。

總而言之，生活方式沒有絕對正確的答案。找到自己想要的生活方式，才是幸福的不二法門。

然而，說來簡單，實現起來卻很困難。

儘管活出自我的念頭在腦中不住打轉，卻老是擔憂「到底能不能靠那份工作維生」、「身邊的人會怎麼想」，內心滿滿的不安。若是如此，那麼說到底，或許你連何謂活出自我都還不明白。

然而最常見到的例子是，為了在現實生活中感到得更幸福，便大肆揮霍享受人生。但這麼做，只會讓你過得更痛苦罷了。

簡單來說，要想過得幸福，我們真正需要的不是哪一種生活方式的答案，而是「隨時可以活出自我」的選擇。

人因為沒有選擇才痛苦，沒有選擇才艱辛。

當我們擁有金錢帶來的選擇，才能實現屬於自己的理想生活。

“先節約，再做副業

想以少許金錢活得快樂，不靠自己不想做的工作賺錢是必要條件。因為不想做的工作帶來的痛苦，是揮霍金錢最大的原因。

如果目前的本業是你不想做的工作，你必須開創副業。待在不喜歡的職場，無論升到多高的位置，最後都無法擺脫對於金錢的不安全感。

如今的社會氛圍鼓勵上班族擁有自己的副業，連政府也要求企業放寬禁止員工兼職的規定，總有一天我們會邁入從事副業稀鬆平常的時代。

即使如此，我認為在展開副業之前，應在做得到的範圍內確實節約。

我會這麼說，是因為節約有一個副業所欠缺的極大好處，那就是「再現性」與「即效性」。

再現性指的是任何人來做都能獲得相同成果；即效性則是立刻見效。

即使政府鼓勵兼職，也不能一頭熱地展開副業，因為沒人保證能成功。你可能在一年後每個月賺十萬；相反的，你也可能只賺一萬。有些人持續做了三年副業，好不容易才做出成果。

我一開始的副業是寫部落格，花了好幾個月才賺到幾十塊。

然而，只要願意節約，任何人都能取得相同成果，而且最快下個月就能見到成績。

將手機當成行動基地臺，取代家用光纖網路或Wi-Fi，一個月能省下四千日圓左右的支出。這樣的生活持續三年，就能存下約十四萬。長年累積下來，就是一筆意想不到的存款。

倘若你還是決定先展開副業，而非立即見效的節約，唯一可確定的是，你錯失了原本可以存下來的錢。原因很簡單，從事副業需要時間，也不保證成功。

也因為如此，務必先在做得到的範圍內確實節約，再展開副業。

等你辭去不想做的工作之後，對副業也產生了使命感，這時就能以出乎意料的少許金錢快樂生活。

與此同時，還能加快儲蓄速度。

金錢是讓你擁有選擇權的後盾。而依照「先節約，再做副業」的順序更容易存到錢，實現理想的生活方式。

“建立儲蓄計畫時要考量未來希望的生活方式

當你能夠以少少的錢快樂生活，最後自然能存下錢。雖然儲蓄不一定能獲得幸福，但有錢就有選擇權，因此錢自然愈多愈好。

建議大家一定要建立儲蓄計畫，這也是活出自我的重要因素之一。

不過，建立儲蓄計畫的重點，不是以現在的自己為前提，而是以未來想成為的理想的自己為目標。

大多數人都是以目前持續在做的事為前提，建立儲蓄計畫。例如「繼續待在目前的公司，應該可以存下多少薪水」、「現在只能以這些錢過活，未來還能靠同樣的生活費過日子嗎？」等等。

存錢最根本的意義是「實現自己希望的未來」。

正因為金錢是超萬能的交換工具，也是選擇，因此有錢就能挑戰想做的事，避開不想做的事。總而言之，錢可以幫助你實現理想的自己。

反過來說，在存錢之前，你應該先在內心描繪未來想過的理想生活。

若只將存錢當成最重要的目的，也許你寧可靠目前這份不值得期待的工作加薪升職，如此一來就更陷在不想要的生活方式之中。也許你反而會因為「現在的工作雖然辛苦，但繼續做就能再存下多少錢」這種想法，走上了相反的道路。

基於這一點，建立儲蓄計畫時，務必要以「即使幾年後收入暫時大幅減少，也能實現理想生活」為前提。

說到底，建立儲蓄計畫的意義在於宣示自己（我們）希望的

生活方式。

以我為例，我對於在公司上班的工作型態感到痛苦不堪。因此，我所規畫的藍圖是只當三年上班族，一口氣存下一筆錢。之後以不當上班族、不做討厭的工作為前提，緩步增加儲蓄金額。

我存錢的目的不是因應退休後的生活，也不是為了買想要的東西，而是擺脫不想做的工作。建立儲蓄計畫時，一定要將這些都考慮進去。

建立儲蓄計畫時，應考量以下幾點：

・實現理想工作型態時的收入
・隨著生活自給技能純熟度變化的生活費
・生活費要將通膨考慮進去
・收入帶來的稅額負擔
・將來可以領取的年金金額
・模擬資產運用

如此就能看到融入理想生活後，未來人生的金錢樣態。

這一點有助於消除你對金錢的不安全感。

我說過，對於金錢的不安全感源於「總覺得無法維持正常生活的恐懼」。

假設你選擇了你希望的生活方式，預估收入將大幅減少，但是從整體人生來看，還是可以靠儲蓄計畫活到一百歲。

你可能會發現以前認為自己的收入不足以過理想生活，只不過是先入為主的觀念，建立儲蓄計畫後才明白還有其他絕對能實現的選項。

此外，即使你的收入或生活費水準，在社會上屬於低收入戶或落在貧窮線以下，但在實踐這項計畫時，你也有機會看見自己活得幸福的模樣。

這是你在建立儲蓄計畫時，一定要考量到未來希望的生活方式的原因。這正是指引你航向理想人生的指南針。

將存下來的錢帶進墳墓裡

我常聽到人們說：「錢又不能帶進墳墓，存錢一點意義也沒有。」

先說個人想法，把錢帶進墳墓有何不可？管他是一億或兩億，全都帶進墳墓裡。

理由很簡單，只要你有錢，你就有選擇。這表示你不虞匱

乏，**可以選擇活出自我的生活方式**。

錢的確不能帶進墳墓裡，但沒花掉的錢也就只是金屬、紙張，以及印在存摺裡的數字罷了。如同帶進墳墓裡的一億現金，毫無用武之地。

從這一點來看，存錢的確沒有意義。

不過，若說存錢沒有意義，花錢能帶來多大的意義呢？關於這一點，我很懷疑。

假設你努力以少許的錢過得快樂，每個月只需要十萬日圓就夠用，你還會因為存錢沒有意義，而每個月花二十萬生活嗎？

我認為毫無節制地花錢，一點意義也沒有。應該說，我認為提高生活成本的代價比較高。

容我再次強調，花愈多錢生活，能夠選擇的工作就愈少，生活就愈痛苦。

當然，反正錢帶不進墳墓，你也可以用預估的壽命為基準，把儲蓄當作生活費花掉。但說不定你還能活上很多年，卻因為存款水位逐漸下降而感到焦慮不安。

因此，努力過著不花錢的快樂生活，手邊的錢還有剩就繼續累積財富，讓自己擁有實現理想生活的選擇。

這樣就好。

既然金錢是選擇權，光是花錢無法讓生活變得更豐富。

不花錢，將錢好好地存下來，才是豐富人生的生活方式。

世上的事並非一加一等於二那麼簡單。合理也不代表必然幸福。

我認為「既然死了就用不到錢，根本沒必要存錢」或「人死了什麼都不能花，不如花光算了」這類看似痛快的理由，也是施加在我們身上的詛咒之一。

“夫妻一起存錢的唯一方法

我不只寫部落格，也在YouTube、Instagram、Twitter等社群平臺上分享自己的用錢方法與生活。

有些網友會來訊向我們傾訴，最常見的煩惱是：「夫妻倆沒辦法一起存錢」。

先說結論，我認為夫妻要一起存錢只有一個方法，那就是多

聊天。

平時盡可能多交談，溝通彼此的想法，才能建立夫妻倆在儲蓄上的重要共識。

說到底，夫妻齊心協力卻存不了錢的最大原因，在於兩人對於「一起存錢要實現的理想」缺乏共識。

九成都是這個原因造成的。

抱怨「另一半不幫我實現理想」也是常見的狀況，原因當然也是兩人的理想目標並不一致。

夫妻是不同的個體，兩人一起維持生活。無論彼此間價值觀多相近，也不可能完全一樣。

所以，多聊天，透過溝通摸索出兩人共同的理想目標，這一點很重要。更別說這還得兩人都願意經常聊天，才可能實現。

說得更具體一點，建立儲蓄計畫時必須兩人一起規畫。

即使你在建立計畫時充分為家人著想，但是單方面的考量難免偏頗，於是就產生了「我這麼為家人著想，另一半卻不幫我」的抱怨。這也表示儲蓄計畫並非由兩人共同討論出來。

建立儲蓄計畫時，還要考量職涯轉換跑道、生兒育女、搬家等兩人理想生活階段的變動因素。

我相信有些夫妻平常不聊與金錢有關的話題，我也經常聽人抱怨，另一半不喜歡討論財務狀況。

遇到這種情形，我建議「不要從錢切入話題」。不妨和另一半在休假時去氣氛好的咖啡館，輕鬆聊聊理想的未來生活。從這個主題切入是不錯的開始。

透過無數次談論未來想過的日子，雙方愈談愈起勁，最後就能找到兩個人都想實現的理想生活。

當夫妻倆清楚描繪出理想生活，自然會改變花錢的方式。無需靠零用金來限制另一半花費，彼此就能掌控用錢習慣。

夫妻一起存錢其實很快樂。

因為一起存錢代表兩人可以選擇的未來更寬廣了，怎麼可能

不快樂？

不顧未來能拿到的一百萬，反而被眼前的一萬牽著鼻子走，這都是因為兩人想實現的未來價值低於眼前的一萬；也可能是因為兩人並沒有想要共同實現的未來。

因此，不需要立刻談錢，不妨先聊一些愉快的話題，一同摸索未來怎麼過，才能讓彼此快樂。

這是夫妻一起存錢的唯一方法。

“穩健的資產運用戰略因應通膨危機

說完存錢的話題，接著要討論資產運用。

話說在前頭，我不是理財專家，也不是熱中於活用資產的投資家。接下來我所分享的都是個人經驗，讓各位明白我基於什麼想法來運用資產。

先說結論，我事先在銀行裡存了一年份的生活費，剩下的錢每個月幾乎全數投入投資信託。

在前文中，我以淺顯易懂的方式鼓勵各位「存錢」，但我不建議各位只持有現金。應該說，我十分反對只持有現金的理財方式。

原因很簡單，只持有現金是絕對虧損的資產配置戰略。

以最簡單的銀行利率來思考這一點，假設日本銀行提供的存款年息為〇．一%，每年導致物價上漲的通貨膨脹率為一%，銀行存款利息根本無法因應上漲的物價。

以年息〇．一%為例，一百萬日圓存款的年息為一千日圓，物價上漲百分之一，等於一百萬的商品要賣一百零一萬。每年領取的利息只有一千日圓，物價卻漲了一萬日圓，這代表你的錢變小了。

儘管日本長期處於物價下跌的通貨緊縮狀態，但從人類悠久的歷史來看，經濟走向還是呈現通貨膨脹。不僅如此，日本政府也因應通貨膨脹推動各項政策。

所以在預估日本的未來時，一定要以通貨膨脹為前提，這才是務實的做法。

總而言之，只存現金已經確定是失敗的策略。各位務必要將錢投資在股票等其他理財工具上，即使這些工具可能使你虧本也絕對不能迴避。

我必須遺憾地告訴各位，資產運用沒有穩賺不賠的方法。

儘管沒有保證獲利的理財工具，但時間拉長來看，有些工具的資金增長率還是比較高。

以低成本委託專家操作投資信託就是很好的例子。選擇績效良好的投資信託商品，以全球企業為標的分散投資，建立二十年或三十年的超長期定期定額投資。

我認為這才是無懼通膨危機、投報率穩健的資產運用戰略。

我們不清楚今後將由哪個國家的哪間企業，成為全世界所有人的生活後盾。但每個國家的每間企業，都希望讓人類過著更豐富充實的生活。

基於這個道理，若能分散投資各國企業股票，長久來看股價應該會比現在還高。

此外，為了自己無法操縱的股價一會兒驚喜、一會兒沮喪，也無法改變人生。

最重要的是，將時間和勞力花費在培養生活自給技能，不靠討厭的工作賺錢，就能度過更豐富的人生。

“讓通膨的影響力降到最低

日本是人口減少國家。今後現役的勞動人口會愈來愈少，每個人的稅負將愈來愈重。人民繳的稅金無法因應國家支出，政府一定會減少人民未來可以拿到的年金金額，以平衡收支。

與此同時，導致物價上漲的通貨膨脹也將愈來愈嚴重。如果薪水能隨物價上漲而增加，那還算好，但也不能過度樂觀。再說，這不是我們所能控制的。

總的來說，我們能領到的年金可能減少，生活費卻必然逐漸增加。生活在現代的我們早已看透未來的日子，對未來感到不安也很正常。

但只要我們學會少錢生活法，就能讓通貨膨脹的影響降到最低。

假設物價每年上漲一%。

二十年後約漲至一．二二倍，三十年後為一．三五倍，四十年後的物價將漲至一．四九倍左右。

假設你現在三十歲，每年生活費為四百萬日圓，未來生活費如下：

・二十年後五十歲：約488萬日圓（+88萬日圓）
・三十年後六十歲：約540萬日圓（+140萬日圓）
・四十年後七十歲：約596萬日圓（+196萬日圓）

換句話說，現年三十歲的人到了七十歲的時候，每年生活費約是四百萬的一・五倍，也就是六百萬左右。如果薪水沒調漲，生活費卻足足增加兩百萬，必然會擔心錢不夠用。

另一方面，若能養成以少許的錢過生活的習慣，未來會變得如何？

以我和妻子為例，我們目前三十歲，一年生活費約一百六十萬日圓。如前述範例，物價每年上漲一％，結果如下：

・二十年後五十歲：約195萬日圓（＋35萬日圓）
・三十年後六十歲：約216萬日圓（＋56萬日圓）
・四十年後七十歲：約238萬日圓（＋78萬日圓）

簡言之，即使我們七十歲退休了，生活費也只需兩百四十萬就足夠。

每年上漲一％的物價造成的影響，在每年四百萬生活費的範例中，增加了一百九十六萬；我和妻子只增加七十六萬。

退休後的醫療費用很可能會比年輕時還多，加上腿腳不如以往靈活，需要買車代步。但人類天生的欲望會減少，此時也已繳完房貸，擁有自己的房子。

無論好壞，沒人知道未來會發生什麼事。

因此，我們能做的就是透過儲蓄計畫釐清自己想實現的未來，並付諸行動，努力實現。

「拿到的年金可能變少、物價還會上漲，唉，日本已經沒落了。」如果你的腦中隱約浮現這樣的想法，必定對未來感到不安。

建議各位拋開曖昧模糊的想法，不斷嘗試挑戰，直到實現理想為止。例如你可以問自己「究竟以多少錢過生活，才不會受到物價每年上漲一%的通膨影響？我要盡可能實驗，找出最安全的生活花費」。若已知年金給付額會比現在減少兩成，只要賺的錢可以彌補這兩成，也不會影響你未來的生活。

實際去做，努力以少少的金錢開心生活，就能大幅減緩對於未來的不安全感。

“只要幾年就能改變人生

這是最後一篇。

在本書最後，我想總結前文中分享的觀點。

從小，我就覺得生活很痛苦。讀小學的時候，有一天我突然沒辦法出門上學。並不是學校生活出了什麼問題，我也不清楚當時為什麼忽然沒辦法去學校，只記得我將滿腔怒氣發洩在父母親和身邊的物品上。

然而，我現在明白了。因為學校生活要求集體行動，在這頂大帽子下，即使是自己不想做的事也要去做，我沒有選擇。這讓我感到痛苦不堪。

國中時參加社團活動也一樣。我雖然喜歡運動，卻無法忍受團體生活，最後只好退出社團。

大學畢業後，我進入一家大公司任職，負責海外業務。當時我為了宣洩內心的痛苦大肆揮霍，與此同時，我可以選擇的工作愈來愈少。

直到我趁著轉換工作時請了一場特休假，無所事事地過了一個月之後，才終於察覺到「生活痛苦」的真正原因。那一年我二十七歲。

正因為當時我發現了「生活痛苦」的真正原因，才能在三年後，也就是三十歲時辭去工作，過著自己想要的理想生活。

只要掌握契機，三年就能改變人生。反過來說，應該要將三年當成改變人生的前提。

無論是學會以少少的金錢快樂生活，或是學會親手製作想要的物品，在建立起使命感之前，我們必須花時間從事副業。若是

沒有抱著這樣的觀念，不清楚花時間是必要前提，很容易在初期階段就會放棄。

此外，當你認知到三年就能改變人生，心情上也會比較輕鬆。我們不需要花上十年、二十年才能改變自己的人生。

假設你目前沒有儲蓄，不妨在做得到的範圍內嘗試節流。接著花一年的時間慢慢努力，將原本打算花錢買的物品，改成自己動手做。

即使收入不變，一年後也能確實存下錢，和以往截然不同。

接著是第二年。培養生活自給技能後會發現生活費變少，可以選擇的工作變多。過去每個月至少要賺二十萬日圓才夠，但現在只要十五萬日圓就能生活。

不僅如此，維持最基本生活的必要成本，即「維持生命成本」也會進而降低。

這時不妨嘗試轉換職場，選擇不那麼痛苦的工作方式。加上你已經有了一筆存款，可以做最壞的打算，即使辭職也沒關係。當你擁有這個選項，就能勇於對過去所忍耐的討厭事物說不。

多虧了這一點，你的內心會變得放鬆，開始有餘裕，能編織夢想，企圖朝理想的自己邁進。而這種感受將成為你經營副業的種子。

邁入第三年，你應該對自己擅長的事情有了點概念，或是已透過副業幫助人們，讓人們感到快樂。

漸漸的，你自然而然會思考怎麼做才能充分運用自身的長處經驗，讓更多人快樂。這個想法總有一天會變成你的使命。

走到這一步，你已經能用比三年前更少的錢快樂生活，而且存款也一年比一年多。

你拿回了人生選擇權，也是你活出自我的基礎。

話說回來，三年只是一個概略基準。

無論好壞，只要明白「三年就能改變人生」，心情就會放鬆，也不會在努力的過程感到挫折。

我透過分享擺脫痛苦生活、活出自我的一連串經歷，讓各位了解到這三年應該要做的具體努力，以及每一天應該思考的事。

我衷心希望本書可以成為指南針，指引和我過去同樣痛苦的人們一條前進的路，並且讓各位開始思考屬於自己的生活方式。若能做到這一點，就是我莫大的榮幸。

我將「幫助在生活中感到痛苦的人」視為我的使命，而這本書就是我忠於使命的工作之一。

結語

無需成為大人物也能過得幸福

我到現在還是個無名小卒。

我在日本隨處可見的郊區，哪裡都看得到的出租公寓，和妻子兩人租下其中一間，每個月花十三萬日圓過著簡單的生活，一個人默默工作。

話說回來，我們本來就沒必要成為大人物。不想做的事不做就好，其實很簡單。

只是沒想到要繞這麼遠的路，才能察覺這一點。

我想透過本書告訴各位一件事：

「努力以少許金錢快樂生活。」這是我唯一想說的話。

我在二十七歲身心即將崩潰之前，辭去了不想做的工作，寧願年收入減少也要轉換工作。正因為我努力以少許金錢快樂生活，才得以從令人窒息的痛苦漩渦中逃脫出來。

痛苦生活指的是「只能做討厭的工作」，沒有選擇的狀態。

不僅如此，當你內心老是沒來由感到恐懼，害怕辭職後無法維持正常生活，就會被困在不想做的工作裡。

只要沒看穿「對金錢的不安全感」的真面目，就很難活出自我。正因如此，我們只能努力以少許錢快樂生活。

如此一來，正常生活的門檻會降低，就能擺脫對金錢的不安全感。由於必須賺到的最低收入變少了，可以選擇的工作也會變多。與此同時，還能存下讓我們擁有選擇權的金錢，實現心目中的理想生活。

我要說的不是「不花錢就好」，而是「努力」在不花錢的狀態下快樂生活。

要是沒有這份努力，世俗觀念與內心的常識會慢慢形成心理障礙，讓你無法如願降低生活成本。如此既無法消弭生活中的痛苦，壓抑著不花錢也會衍生出「犧牲眼前生活的剝奪感」。

我今年三十一歲，不清楚未來的人生是否能像現在這個瞬間一樣安穩度日，若說絲毫沒有不安全感，那是騙人的。

即使如此，我仍堅信一件事。

那就是「親手做自己想要的東西，無需賺很多錢，但要做具使命感的工作，人生總有路可走」。

無論是花錢揮霍、賺得比別人多、讓身邊的人認為自己很厲害，或是夢想擁有一百分的人生，這些都不會讓我變得幸福，反而是一道道將我綑綁在痛苦生活中的詛咒。

我已經不想成為大人物。

因為我覺得當個無名小卒就好。

何俺

S06

Self-Help

成不了大人物的我們，決定成為簡單的人

作　　者｜何俺
翻　　譯｜游韻馨
責任編輯｜鍾宜君
封面設計｜Rika Su
內文設計｜簡單瑛設
特約編輯｜周奕君

國家圖書館出版品預行編目 (CIP) 資料

成不了大人物的我們，決定成為簡單的人 / 何俺著 ; 游韻馨譯 . -- 初版 . –
臺北市 : 晴好出版事業有限公司出版 ;
新北市 : 遠足文化事業股份有限公司發行 , 2024.02
272 面 ;12.8×19 公分
ISBN 978-626-7396-42-1(平裝)
1.CST: 人生哲學　2.CST: 生活指導　3.CST: 家計經濟學
191.9　113000347

出　　版｜晴好出版事業有限公司
總 編 輯｜黃文慧
副總編輯｜鍾宜君
行銷企畫｜胡雯琳、吳孟蓉
地　　址｜104027 台北市中山區中山北路三段 36 巷 10 號 4 樓
網　　址｜https://www.facebook.com/QinghaoBook
電子信箱｜Qinghaobook@gmail.com
電　　話｜（02）2516-6892　傳　　真｜（02）2516-6891

發　　行｜遠足文化事業股份有限公司（讀書共和國出版集團）
地　　址｜231023 新北市新店區民權路 108-2 號 9 樓
電　　話｜（02）2218-1417　傳　　真｜（02）2218-1142
電子信箱｜service@bookrep.com.tw
郵政帳號｜19504465（戶名：遠足文化事業股份有限公司）
客服電話｜0800-221-029　團體訂購｜02-22181717 分機 1124
網　　址｜www.bookrep.com.tw
法律顧問｜華洋法律事務所／蘇文生律師
印　　製｜前進彩藝
初版二刷｜2024 年 4 月
定　　價｜360 元
I S B N｜978-626-7396-42-1 (平裝)
E I S B N｜9786267396469 (PDF)
E I S B N｜9786267396476 (EPUB)